如何成為屠龍英雄？

魔法、修道士、怪獸，神祕中世紀的歷史與傳說

How To Slay A Dragon

A Fantasy Hero's Guide To The Real Middle Ages

Cait Stevenson

凱特・史蒂文森——著
洪慈敏——譯

整裝待發——中世紀的宗教與社會概念 44

踏上旅程——中世紀的城鄉與工藝 120

目錄

危機四伏——中世紀的天文地理與傳說 172

獲得獎賞——中世紀的貴族 280

推薦序

跟著千年前的旅人，來場華麗（又不危險）的屠龍冒險吧！

神奇海獅

在我們這個時代，「旅遊」已經成為調劑身心靈最重要的方式之一。當你在日復一日的日常生活中逐漸迷失之時，一次突如其來的小旅行總是能夠讓你看見不同的可能、認識不同的人，你感覺像是在異鄉中逐漸拼回那個失散已久的自我，接著你充電完畢，然後又回到自己熟悉的城市裡、並期待下一次的出走。

但你知道嗎？這個我們如此習以為常的休閒娛樂活動，竟然是到一九〇〇年代之後才逐漸開始出現的。工業革命讓許多先進國家到處開始鋪建鐵路、社會主義讓人理解原來人們週末是需要休息的，而在假日與交通都逐漸變得方便以後，也才終於出現「方便的旅行是不方便的嗎？

「旅程」這種東西。那接下來就有人想問了：在更之前，比如說中世紀好了，旅行是不方便的嗎？」

我只能說，不方便、不方便、不方便到爆了！

如果你對嚴肅的中世紀旅行有興趣的話，我在大學時讀過一本《中世紀的旅人》，這是一本真正有導論、有註腳、有參考書目的學術書，裡面詳細地描述了旅行者的目的（朝聖、戰爭）、使用何種交通工具（驢馬、車船，還有最常用的——兩條腿）、住在什麼地方（旅店、修道院、或乾脆躺在星空曠野之中）。這種書籍給後世歷史學家勾勒出一幅中世紀旅人的圖像，他們為了宗教或現實上的利益，花幾個月甚至好幾年的時間，一步一腳印地前往他們的應許之地。但對中世紀的旅行者來說，他們遇到的難題才不是只有這個，在他們眼中的世界，他們甚至可能會遇見……龍。

對，沒錯！除了恐怖的強盜、野狼以外，當你翻開他們的許多旅遊冒險故事裡，多得是遇到口吐毒氣的惡龍、在海中將人拖下水的海怪、可以連人帶船一口吞下的鯨魚。而這本《如何成為屠龍英雄》就是由一個個民間傳說、旅遊傳記構成的小故事，一點點勾勒出中世紀那個時代的人們如何看待這個世界、還有在他們的旅行中究竟會經歷什麼驚心動魄的故事。而其中許多的景象，甚至遠超過我們這個時代的想像：

比如說當你走在阿拔斯王朝的某個花園中。這是一座陽光明媚的花園，裡面是一片宜人的棗樹和棕櫚樹林，只不過這些樹都是金或銀鑄造的，而樹上的無花果則是珠寶雕琢而成的。在樹上，由金銀打造的機械鳥張開人造鳥喙，維妙維肖地唱著歌，並不斷重複啄著一塊璀璨的寶石果實。……最後在周遭長頸鹿、大象和獅子的注視下（當然，牠們並不會靠近你），你走到「森林」的正中央，平靜的池水散發出玫瑰與麝香的香氣，而旁邊就是一把王座。

是的，你身處的就是阿拔斯王朝哈里發的花園中。

但這種絕美景象在中世紀的旅途中並不常見（總不會天天有人去逛哈里發的花園吧？）根據書中所述，更多的故事反而是那種被鯨魚吞下肚，或是與龍決一死戰的故事，當然，是「他們認為」自己正在與龍決戰……

這個故事是在說西奈半島（位於現在的埃及）上的一個修道院，當歐洲的基督騎士經過此地時，突然從岩石後方竄出了一隻「怪物」。這時，當地嚮導立刻被嚇得抱頭鼠竄，然而兩名神勇的法國騎士卻立刻跳下馬前去迎戰。「怪物」發出驚天動地的叫聲，而騎士們則用劍集中了怪物的背部，但怪物竟然絲毫無損，因為牠身上的鱗片就跟盔甲一樣。但最後，騎士們仍然找到怪物的弱點，他們猛力攻擊怪物的腹部，最後終於殺死了這要命的沙漠怪獸。

這看起來簡直就像騎士屠龍一樣的緊張刺激故事，但事實上，這隻「龍」只是一隻長達一公尺的大蜥蜴（去查了一下，發現可能是外型超萌的埃及王者蜥）。

但有什麼關係呢？在騎士們的想像裡，一隻打蜥蜴的故事、轉化蛻變成一場驚心動魄的騎士屠龍傳。在他們的想像裡，這世界就是這樣充滿了奇幻的無頭人、獨腿人、口吐毒霧的惡龍、以及死而復生的聖人。它跟我們認知的世界完全不同，但當我們跟著他們的視角，我們會赫然發現，我們正在踏上跟他一樣的旅程中，隨著一個個驚奇的小故事，我們的心情也跟著他們跌宕起伏。

一起來這個好玩的世界吧！

獻詞

獻給馬克．史密斯博士
他明白熱愛歷史，就要將它傳承下去。

五年前有人問我，中世紀的統治是否曾為防範城堡被龍攻擊以制定計畫？我大致解釋了黑暗時代其實不是真的「黑暗」，人們也很清楚「龍」只存在於神話中。但這樣的回答毫無熱情、想像力和歷史性，怎樣能帶你進入另一個同樣也是屬於我們的世界？我應該提出更好的答案。開個話題，談談開羅（Cairo）的貧民窟遭遇火災，火勢沿著屋頂竄起，應該如何滅火，或想像倫敦人如何改善空氣汙染。過去五年來，我一直對當時的回答感到後悔，所以寫了這本書作為彌補。

在英文副標題中，我稱呼我們要討論的這個時期為「真實中世紀」（real middle ages）；本書是歷史書，只不過形式上沒那麼傳統。這些中世紀的故事、事實和傳說全都來自學者們審查過的第二手文獻，或我自己對於第一手資料的分析。另外，註釋非常少（從好處想，連章節尾註也沒有，因為它顯然是心懷不軌的妖怪所發明出來的東西），僅列出參考文獻以示誠信。許多第一手資料都是我提供的，但有些原始語言的文本我無法取得，加上我不懂阿拉伯文，因此有時我得援引其他學者的研究，清單列於書末。

在幾個章節中，我對某些第一手資料的解讀和目前學界有所差異，並盡量簡要說明我的觀點，但本書的重點並不在於進行學術辯論。

過去五年來（時間點真巧），我為世界上最大、最成功的公開歷史論壇之一「AskHistorians」（www.askhistorians.com）撰文。可在本書中，我幾乎沒有借用別人的點子，或是使用自己曾在論壇上回答過的討論（我的筆名是「/u/sunagainstgold」）；即使根據網站版權條款，我在論壇上發表的文章，都擁有著作權。

在書裡某些例子中，我依照學界慣例，使用當代的慣用名稱，稱呼著名人物，例如「查理曼大帝」（Charlemagne）而非「卡洛魯斯・麥格努斯」（Karolus Magnus），但較為冷門的人物，我選擇使用原始名稱，例如「凱薩琳娜・圖徹」（Katharina Tucher）而非「凱薩琳」（Catherine）。非拉丁字母被轉換（transliterate）成字母時，讀音符號（diacritical mark）消失，例如「ā」成了「a」。由於中世紀語言愛你，也希望你快樂，所以某個斯洛伐克（Slovak）強盜家族的名稱，可以拼寫成「Glowaty」或「Hlavaty」，但他們仍是挾持同一座城鎮的同一群人；在這樣的例子中，我會全書統一使用其中一種。

還有一些狀況是我打破了學界慣例，可能會讓其他中世紀歷史學家氣到全身發抖。最明顯的，像是非必要不使用現代地名。（以及中世紀於一五二〇年代結束，這一點我無庸置疑是正確的。絕對不必懷疑。）

說了這麼多，重點仍是想表達，中世紀在我心目中是最棒的時代，而我也竭盡所能將這樣的愛，傳達給各位讀者。

一千年與一個半球。中世紀世界擁有一千年的歷史，以及地球上一半的人口，而你可能是其中之一。

你可能是瑪格麗塔·包特勒（Margaretha Beutler）。她在有錢的丈夫英年早逝後，便把所有財產捐給貧苦的人，接著在德國（Germany）西南部遊歷五年，旅費來自於募捐，而非弱勢的贊助者。她可能一邊旅行、一邊傳教，但在那個時代，是不允許女基督徒公開傳教和教導宗教之事。後來她在馬爾堡（Marburg）被逮捕，罪名是「邪惡竊賊」，判處溺刑。不過可想而知，包特勒寧願讓一些有權有勢的朋友安排她到修道院避風頭，待風頭過了之後，她還在其中找到一席之地，管理了好幾座修道院。

或者你也可能是皮耶特羅·隆布洛（Pietro Rombulo）。這位阿拉伯裔義大利商人移居衣索比亞（Ethiopia），在當地成家立業，成為國王的義大利（可能還有印度）大使，並與一名衣索比亞裔義大利僕人及一名主教結為朋友。

你至少可能是布祖格·伊本·沙赫里亞爾（Buzurg Ibn Shahriyar）。他不是真實人物，但還是個名人，以寫了一本書而出名，囊括所有他從別人那裡聽來的海盜、海怪及化外島嶼的驚奇故事。

不！都不是！

你就是……你。你住的村莊距離最近的「集鎮」有二十二公里，與另一個名不見經傳的城鎮相距兩千兩百公里。村民之間流傳著末日即將來臨的謠言，興奮的神情中帶著恐懼，但你心中只是苦澀地想著，末日大概連世上有這個村子都不知道吧。

所以當一名神祕的陌生人騎著馬在日落前進入村子時，你才興奮了起來。即使他滿身髒汙，因為只有主要街道才鋪設了路面；可是他大吼大叫，手裡還揮舞著一本手稿。更棒的是，這位陌生人是來找你的了（那當然了，你可是故事中的主角）。

他一手舉著閃爍的火炬、一手抓住你的手臂，拽著你走在村裡唯一的一條路上。你很害怕，但還是壯起膽子跟著對方去。

當然，你們必須走好長一段路才能找到一個隱蔽的地點，因為這一帶是農夫居住的村莊中心，四周都被農田包圍。終於，這名陌生人發現一片泥地，高興地將斗篷鋪在地上。讓兩人都坐下來後，他將手上的書遞給你。

「噢，我看不懂這本書的。」你表示。

陌生人聳聳肩。「沒關係。不是每個人都是圖德拉的班傑明（Benjamin of Tudela），這位猶太探險家從西班牙（Spain）旅行至阿拉伯，講述在義大利發生的街頭鬥爭。不過，這本書還是能引導英雄們走上屠龍和竊取王位的旅程，並在途中擊敗一群又一群超自然的邪惡生物。這本書也能讓你具備有關外在世界的日常知識，就算是像你這樣的一個中世紀農夫，對廣大世界的了解，也遠比貧乏的公共教育體系所能傳授的來得多。」他語氣一頓。「幸好，拼寫還沒有一套統一的規則，至少不需要另一本發音指南。」

冒險速成班

你一直想造訪的地方

中世紀世界可以用四個詞概括：圓的、大的、不完整的，還有海怪。

第一個大家都知道。至於其他三個……

從地理位置和強烈隱喻來看，「中世紀世界」是在地中海（Mediterranean）游泳的一隻九頭蛇，雙臂纏繞著三個洲：亞洲（Asia）、歐洲（Europe）和非洲（Africa）。

對你（和中世紀地理學家）而言，「亞洲、非洲和歐洲」指的是非洲北部海岸，沿著東側向南彎；阿拉伯半島（Arabian Peninsula）及其北邊土地；西俄羅斯（Russia）以北至斯堪地那維亞（Scandinavia），接著往西穿越歐洲至地圖最遠端的英格蘭（England）。冰島（Island）在更偏遠的位置，再過去只有令人生畏的外海，還有食人族。

在許多地圖上看不到的現實中，這隻九頭蛇最細的幾條手臂伸得更遠，緊握西非王國、史瓦希利（Swahili）城邦、印度和中國周遭的旅行網絡連結（nexus，拉丁文沒把這個詞的複數形態改為「nexi」）。來自加拿大北部的圖勒（Thule）商人，長途跋涉至格陵蘭（Greenland）販賣陶製品；北歐的冰島人則航行至加拿大南部海岸，把冬南瓜（butternut squash）帶回家。總而言之，中世紀世界的範圍很大。

身為標準的古典奇幻（high fantasy）主角，你將踏上旅程前往外海，甚至探險至炎熱到地上會冒火的南方國度。不過，你所知的非洲、亞洲和歐洲之外的繁榮文化，並不屬於「中世紀世界」的一部分，這些地方的文化和政治變遷，不在古代（Antiquity）和中世紀的範疇內。

和每一個歷史時代一樣，中世紀沒有確切的開始或結束，只有幾組可能的日期，而這種模糊的概念，讓擁護不同日期的人並不服氣。由於你是主角，可以不按牌理出牌，因此引導你思考的起訖日並非傳統上定義的，也就是從四七六年羅馬城再度被蠻族劫掠開始算起，直到一四五三年英格蘭和法國終於厭倦鬥爭，以此作結。你反而會注意到一座城市被入侵並不會讓帝國一夜殞落，畢竟，根據世界最遠角落的政治局勢來定義一個時代的結束，對個人的生活毫無影響。

對你而言，中世紀介於兩個革命運動之間，它們以看似不可能的方式，改寫了當時的世界地圖。在七世紀中葉，一個新的信仰誕生於阿拉伯，它狂熱的早期信徒，驅使阿拉伯征服近東和北非，一路到伊比利（Iberia）半島南部。在一五二〇年代，基督新教偶然於西歐誕生，摧毀了世界上最強大且歷久不衰的勢力（也就是當時的教會）。

中世紀千年史上還有兩次改寫地緣政治版圖的契機。其中一次很成功，但沒引起太多的注意。位於伊比利半島北部的基督教（Christian）王國，耗費將近五百年的時間成為整個半島的共主。王國聲稱這是「收復失地」行動，雖然事實上，他們首先將統治伊比利半島南部直到七一一年的基督徒視為異教徒；其次，基督教王國把大部分的時間都花在攻打彼此。

在比較……沒那麼成功的那一次，西歐各個基督教王國試圖征服近東的一部分土地。後世已知，第一次十字軍運動（一〇九五－一〇九九）多多少少是刻意發起的，穆斯林

（Muslim）在接下來的一百五十年將西方基督徒擊退。第二、第三、第四、第五、第六、第七、第八和第九次十字軍運動皆無法重現第一次的成功，也說服不了西歐各國繼續讓他們喊著諷刺的戰鬥口號──「上帝的旨意」（Deus vult）。要說某次十字軍運動是成功的，實在有點困難，不是整支軍隊淪為俘虜，就是光想贖回國王就花了法國年收入的三分之一。更難以忽視的是，同一位國王又領軍遠征突尼西亞（Tunisia），結果很快地死於嚴重腹瀉。

（與此同時，東正教基督徒的確暫時成功收復了失去的領土，但有人想到他們嗎？沒有。本書有特別著墨嗎？也沒有。）

現在你希望能夠引導你的中世紀故事，也是人們試圖從內部改造「基督教世界」和「伊斯蘭世界」（dar al-Islam）的故事。有些人會指出，在整個中世紀時期，這些變化還包括人口的大量增長；城市的重生和興起；科技發展；在西歐，教會的勢力還上升到相當驚人的程度；針對宗教和種族的迫害增加；以及其他瑣碎的花絮。至於政治……在整個中世紀時期，按（偶爾重疊的）年代順序排列，還有：

- ✔ 勃艮第人（Burgundian）。
- ✔ 勃艮第人王國（Kingdom of the Burgundians）。

✔ 勃艮第王國（Kingdom of Burgundy）。

✔ 上（Upper）勃艮第王國和下（Lower）勃艮第王國。

✔ 阿爾勒王國（Kingdom of Arles），由上勃艮第王國和下勃艮第王國合併組成。

✔ 勃艮第公國（Ducky of Burgundy）。

✔ 勃艮第伯國（County of Burgundy）。

更別說下勃艮第王國同時也是普羅旺斯（Provence）王國，但普羅旺斯由一名身兼義大利國王的伯爵統治。

冒險懶人包

「中世紀世界」

◇ 地域很大，但不是眞的包含整個地球或所有人類。

◇ 基督教王國在地中海以北居多。

◇ 穆斯林王國在北非和近東居多。

◇ 還有同樣信仰基督教的拜占庭帝國（Byzantine Empire），這個國家位於安納托利亞（Anatolia），被夾在伊斯蘭教（Islamic）和西方基督教的領土之間，但多數人不關心。

◊差不多結束於一五二〇年代……
◊當基督徒和穆斯林交戰時，「上帝」唯一的「旨意」是讓法國國王死於痢疾。

你等不及要見到的人

有關中世紀的人。首先，他們是人。在十三世紀的埃及（Egypt），他們晚上和自己的愛狗窩在一起；在十四世紀的英格蘭，他們為了幫狗取個好名字而列清單。他們欺騙說謊；愛自己的孩子；獻出自己的生命，照料、安撫瘟疫病患。

他們也是信仰不同宗教、或同一宗教但不同形式的人。整體而言，中世紀的宗教並非只是一連串列出來的信仰清單，更是中世紀世界的穹蒼，就像一種看不見的溝通網絡，大家都知道它存在，也或多或少參與其中，它形成中世紀的背景，甚至是日常生活當中與宗教無關的行為。

在中世紀世界，除了性別之外，宗教是決定一個人的身分最重要的因素。因為，親愛的主角，不管你信的是基督教、伊斯蘭教或猶太教（Jewish），你在長大的過程中，都對其他人的宗教養成了極為錯誤、充滿侮辱的觀念（即使那些人是你的鄰居）。如果你信基督教或伊斯蘭教，就必須知道，猶太人相信的是創造宇宙的唯一真神。猶太教認為猶太人是上帝的選民，要建立以色列國，它是一個宗教，也是一群因為種族及共同、廣泛的宗教法而團結在一起的人民，因此他們非常重視「人民」和「國家」，沒有要讓其他人改信猶太教的意圖；結果，中世紀的猶太人沒有獨立控制的領土，他們散布在歐洲和近東的不同城市。到了中世紀下半葉，歐洲對「秩序」變得越來越執著，不管是在科學、社會還是政治方面都建立了秩序，並懲罰不守秩序的行為。居住在西方基督教世界的猶太人，因此被迫改信基督教、驅逐出家鄉或面臨當地猶太人口徹底消滅的命運。

談到基督教，它自稱為猶太人的上帝，使用猶太人的《聖經》，甚至還寫了一本續集，接著馬上忘記「猶太人為上帝選民」的應許。基督教作為一個中世紀（和現代）宗教，有兩個獨特之處。如果你是基督徒，你相信上帝是三位一體：聖父、聖子和聖靈。聖子成為人類，也就是名為耶穌（Jesus）的猶太巴勒斯坦（Jewish Palestinian）木匠；他是真實存在的人物，發起了一場宗教運動（你應該猜得到是哪件事），並讓自己被釘在十字架上，使人類不至於陷入萬劫不復的地獄。

基督教的另一個特點是中央集權式的階層制度——教會。沒錯，就是教會，即使早在中世紀之前就已經有不少教會存在。以羅馬為主要根據地的教會，本身就是一個政治強權，其中許多高層原本就是貴族。（其他職員，特別是在地方服務的牧師，像是會拜訪你的村莊的那一位，常常要兼差才能糊口。）

中世紀基督徒的宗教生活重心是正式的教會崇拜，也就是彌撒（Mass），而彌撒的核心儀式稱為「聖餐」（Eucharist）。所謂的聖餐是一種用餐儀式，餐點包含酒和薄薄的聖餅（在西方）或一般的麵包（在其他教會）。意義在於重現基督（中世紀幾乎只如此稱呼耶穌）死於十字架上的場景，親身參與戰勝罪惡與死亡的過程。

伊斯蘭教是中世紀的第三大宗教。它跟基督教對猶太人的做法相同，自稱是猶太教和基督教的上帝，把耶穌降級為一名重要的先知，也擁有一套神聖的經典，改寫了一些早期的故事，並加入了許多新資料。如果你信猶太教或基督教，你要知道穆斯林相信上帝（在阿拉伯文裡稱為「阿拉」）將這套經典，也就是《古蘭經》（*Qur'an*）口述傳授予穆罕默德（Muhammad，真實人物，逝世於西元六三二年），他於是創立了伊斯蘭教，並從此成為這個宗教最主要的先知和使者。

中世紀穆斯林的日常宗教生活以祈禱為重心，最好每天能祈禱五次，星期五尤其重要。較富有的穆斯林，包含女性（她們掌握自己的錢財），通常十分重視宗教捐獻。如果你是穆斯林，完成一次最重要的朝聖會是你的人生夢想，這稱為「朝覲」（hajj）。一方面，負擔不起旅費的人，就算一輩子沒到麥加（Mecca）朝覲也無妨；另一方面，也有像馬里（Mali）的穆薩（Musa）國王這樣的人，他在穿越埃及的途上捐出了大量黃金，憑一己之力就重擊了地中海的經濟長達十年之久。

猶太教、伊斯蘭教和基督教並不是中世紀世界唯三的宗教，像是柏柏爾（Berber）人和薩米（Sámi）人都保有自己原本的信仰體系。穆斯林作家經常用古希臘神話來詮釋印度教（Hinduism）和瑣羅亞斯德教（Zoroastrianism）。至於基督教嘛……它使異教的國王和王國改信基督教，然後將所有關於異教的僅存資料記錄下來，再利用作家好好地宣傳一番。

當然，光是從地理位置來看，無法看出任何人的宗教或膚色。伊比利半島的伊斯蘭區住了穆斯林、猶太教徒和基督教徒；也住了阿拉伯人、柏柏爾人、金髮碧眼的穆斯林，另外，至少會有一個人為了更加融入社會，而把紅髮染成黑髮（基督教作家把所有穆斯林都描寫成「黑人」）。十三世紀的德國藝術家，就算一輩子沒離開過家鄉，刻出來的聖人雕像，膚色和五官可能會像極了住在伊斯蘭撒哈拉以南非洲（Sub-Saharan Africa）附近的阿拉伯商人。來自伊斯蘭開羅的猶太商人加入了印度洋（Indian Ocean）貿易，而希臘基督教女性的通婚對象則是穆斯林或信仰薩滿教的蒙古可汗（khan）。

你不需要上地理課，也不需要任何指導，應該已經知道基督教徒（偶爾包括穆斯林）會突然之間以血腥暴力對待其他宗教的鄰居。人終究還是人。

冒險懶人包

◊中世紀人可以很善良。
◊中世紀人可以十分邪惡。
◊狗兒很可愛。

冒險速成班結束

終於，你受不了了，把書從陌生人手上抽走，你翻開第一頁的內容。「不！」你喊道。「我對世界已經很了解！用文字寫的我看不懂。我是農民中百分之九十四至九十九點九不識字的其中一個！」

「還沒。」神祕的陌生人說道，忽略你的語氣。「你只是還不會認字。沒關係，我唸給你聽。不然你要怎麼學會執行英雄任務、踏上冒險旅程、屠龍、打擊邪惡勢力並拯救世界？」

他拿回書本，小心翼翼地把第一頁撫平。星星在你頭頂上的漆黑夜空中閃爍，完全不受空氣汙染或光害影響。火炬的光芒和影子在羊皮紙上搖曳著，陌生人開始朗讀。

「一切要從這裡說起……」

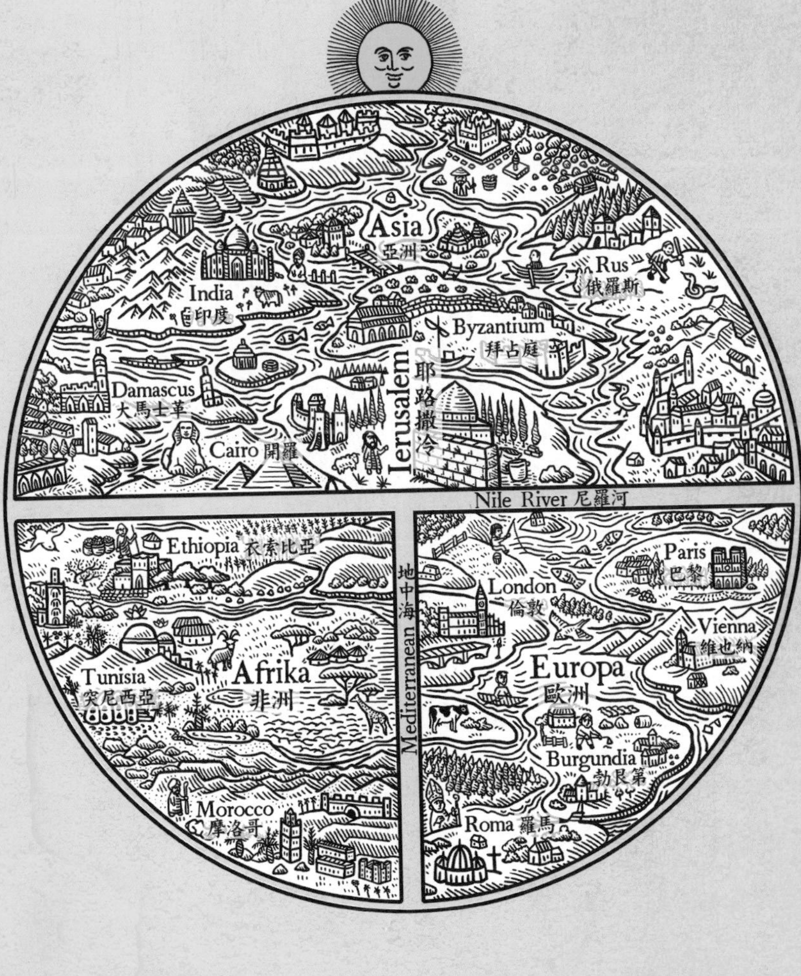

龍之書

Incipit Liber de Dominis Draconum

整裝待發

中世紀的宗教與社會概念

1

如何找到天選之人

當你出生時，天上有下蛇雨嗎？太陽有沒有從西邊升起、東邊落下？你的母親有沒有不小心說溜嘴，原來你父親的真實身分是惡魔？

如果以上其中一個答案為「是」，那不太妙。成為英雄的第一條規則是，盡量不要是天選之人，這三種狀況都是天選之人的徵兆。

嚴格說來，在中世紀作為天選之人不一定是壞事。中世紀世界裡，圍繞著地中海的三大宗教——伊斯蘭教、猶太教和基督教——都期待上帝的天選之人，能拯救他們脫離苦難（凶狠屠殺敵人的婉轉說法）。不過實際上，最受歡迎的天選之人顯然是基督教最喜歡的假彌賽亞（anti-messiah），也就是邪惡的敵基督（Antichrist）。在預言中，他將被亞歷山大大帝（Alexander the Great）關在歌革與瑪各（Gog and Magog）的門後。最終，守門的亞馬遜人（Amazons）會被打敗，把他放出來，導致末日來臨、世界毀滅。

摧毀世界並不是英雄的行為。

但成為英雄的第二條規則是，你必須是天選之人。這代表在旅程的一開始，你要面對兩個關鍵問題：正派和反派陣營如何找到你？當他們找到你時（他們絕對找得到），你能對抗宿命和惡龍嗎？解決方案有三種。

◈你必須對抗的宿命一號：神諭

一個巨輪在天空中燃燒，最外圍是由火和一千把劍構成。十三位天使以十三條鎖鍊將輪子掛在天上，奮力阻止它的火焰燒毀大地和所有人類。

接著，整片天空都化為火焰，火落下來，地上也燃燒了。驚慌失措的人們逃到最深的洞穴中，但找不到地方可以躲。只有事先留意到徵兆的人才能活下來，而且他們永遠不能回頭。

你要為了這樣的未來奮鬥嗎？

如果你不想看到這種事發生，最好開始相信神的啟示，即使祂們揭示你為天選之人。不過，中世紀的基督教女性絕對會希望你這麼做。

中世紀的教會禁止女性在公開場合傳教和教導宗教之事。不過，從十二世紀開始，有些女性發現，如果能說服牧師相信，神在透過她們傳話，那麼做這些事就不成問題了。男人則因此感覺到被排擠，所以安慰自己，因為女人在生理上和精神上都比男人衰弱（根據以準確出名的中世紀醫學），神認為透過她們傳話比較容易，也是理所當然的事。

女性用這種方式獲得大規模（甚至中規模）成功的機率微乎其微，但成功做到的女性，她們的人生往往也相當戲劇化，不管是看到的異象，還是得到權力後所做的事。例如：有位女修道院院長賓根的賀德嘉（Hildegard of Bingen，一〇九八－一一七九），她身兼作曲家、神學家、指點迷津的專欄作家以及末日先知，名氣傳遍歐洲；男人會利用她的名字寫預言，藉此提升可信度。還有一位，馬克德博的梅哈堤（Mechthild of Magdeburg，逝世於一二九二年）選擇在修道院的牆外打造自己的宗教生活，這激怒了教會領袖，他們威脅要燒掉她的書，甚至下一步就是要燒死她。另外，農民與政治運動人士瑪麗．羅賓（Marie Robine，逝世於一三九九年）看見了千刀巨輪燃燒的異象，這讓她一夕致富，但居住在墓園中。

想當然，賀德嘉的末日預言沒有應驗，梅哈堤的描述沒有成真，瑪麗眼中的燃燒巨輪沒有從天空掉下來，人類也沒有逃到洞穴去。

雖然末日沒有降臨，不代表你不能相信神諭和異象顯示出的天選之人，而是你必須判斷預言的正確性，來找到對的天選之人。羅伊特的伊莉莎白・艾克勒（Elisabeth Achler von Reute，一三八六－一四二〇））就是一個例子。

艾克勒是一名修女和未來的聖人，但這不是你相信她的預言的原因。你對她有所期待，是因為她創造了奇蹟，例如：找到新水井的位置，讓附近居民不必在寒冬中千里迢迢地去河邊取水。你要的證據可以在結果中發現：她精準預言了西方教會大分裂（Great Schism）將在一場於德國康士坦茲（Constance）舉辦的會議中畫下句點。的確，她見到的異象沒有告訴她之後會發生什麼事。事件過後幾年，這個預言才被記錄下來，唯一的紀錄還是寫在一本宣傳內容占了一半的書中。

就算如此！異象還是很準的。

至少那些無關緊要的異象是如此。

◈你必須對抗的宿命二號：算命

寶劍、水晶、鏡子、羊的肩胛骨……或許更仔細地觀察（未被燃燒的）大地，能讓你對找出天選之人更有信心。中世紀世界對於透過算命了解當下、預測未來，並不是特別熱衷。在人們生活的宇宙中，萬物都來自於上帝，並由上帝擺在天地間該有的位置上。對幾乎所有人來說，物體和生物就跟物理和化學一樣，自然隱藏著時間的奧祕。

當然，總是會有一些愛唱反調的人，認為要解開那些祕密就得借助惡魔的力量。不意外地，人們還是會去探究、教導那些祕密。

中世紀的精英對農民的聲音不屑一顧，因此看手相、占星術和占卜等民間術數幾乎都已失傳。幸好還有學者記錄下來，將學術知識和他們從小到大熟悉的「大眾」習俗結合在一起。

而且是大量地記錄下來。

你想透過牛骨獲知戰役的結果嗎？或有多少女人不想嫁給你？不過，你對牛骨占卜的背後原理沒有興趣，只想知道有哪些圖表能詮釋你對牛骨的觀察。好極了！你可以查查以阿拉伯文、希伯來文（Hebrew）、拉丁文和中世紀希臘文寫成的書籍目錄，以及源自古希臘或羅馬的書籍，還有「聲稱」源自古希臘或羅馬的書籍。建議你多看幾本，因為占卜書常常互相矛盾。

舉例而言，約在一三〇〇年有一本沒有書名、作者不詳的書，裡面寫到手很小的男人可能一開始看起來人很好，但最後會背叛你；至於手很小的女人，則是對男人沒興趣，也不想有性行為。另一本成書於一三五〇年代的著作（同樣沒有書名且作者不詳）表示，如果手掌的三條主線之一連到無名指，你就會「死在水裡」。

或觀察從大拇指與食指間的掌緣向掌底延伸的紋路，附近是否有形成三角紋，如果你是英雄，這個三角形會是等邊的，代表你是個值得信任的人，而且能夠名揚天下。如果最上方的線比較長，你就是個小偷。噢，還有如果其中一條線很「淡」，那麼恭喜你，你會死於絞刑。

你最好趕快拿出黑墨水，開始畫這個三角形。

◈ 你必須對抗的宿命三號：古詩

放鬆一下吧！去十五世紀的紐倫堡（Nuremberg）酒館喝杯啤酒，或在十三世紀的開羅街頭派對來桶葡萄酒。說到被遺忘的手稿上的古老預言靈驗與否，宿命已然戰敗。

如果你是中世紀的穆斯林，可能從沒想過古詩預言跟你有什麼關係。伊斯蘭教和其主要的先知都在中世紀誕生，對你而言，古詩是異教的詩歌，出現的年代早於上帝啟示之前，古詩被保存下來是為了利用裡面的阿拉伯文來解讀《古蘭經》。

如果你是中世紀的猶太教徒，可能會覺得很可笑，基督教徒竟然相信某個加利利（Galilee）的農夫實現了彌賽亞預言。更好笑的是，不管那些基督徒有多頻繁感覺到自己的錯誤，而迫害你們的人民，可是基督徒「不知為何」從來沒有擊敗過上帝的選民。

如果你是中世紀的基督徒，你視為預言的非《聖經》「古」詩，其實很有可能是中世紀的產物，作者假裝他們的作品年代久遠，讓讀者產生更多興趣。

因此，不管是神諭、算命還是古詩指出你是中世紀世界的天選之人，你都可以放輕鬆。宿命已經跟自己打了一架，而且輸了。

但當你在享受那杯啤酒或那桶葡萄酒時，記得確認它的濃度淡到可以作為日常飲料。你或許已經知道如何避免當上天選之人，但惡龍還是等著你去屠殺。

是時候成為你自己的英雄了。

如何避免嫁給王子

於是，你踏上了旅程，打算去屠龍、竊取王位，順便終結一兩個邪惡帝國。但你會不會也想把羊變成蝗蟲？或是變得比世界上最優秀的五十名學者還要聰明？又或許你只想要用閃電殺死家暴父親。

若是如此，你可以看看那些特別神聖的宗教女性例子。的確，安條克的瑪格麗特（Margaret of Antioch）、尼科米底亞的芭芭拉（Barbara of Nicomedia）和亞歷山大的加大肋納（Katherine of Alexandria，又譯聖凱薩琳）都在受盡殘酷折磨後被謀殺，但她們並非真實人物。不過，中世紀基督徒仍然很珍惜這些「處女殉道者」的傳說，因為她們知道一件事：要當（女）英雄，就不能嫁給王子。

英格蘭女貴族馬基艾德的克莉絲汀娜（Christina of Markyate）是大約生活在一〇九六

年至一一五五年的真實人物，她就很清楚這一點。在她青少女時期，杜倫（Durham）的主教（不能結婚）想要克莉絲汀娜當他的情婦。她擔心對方用身體硬上，抵抗不了，便將他反鎖在他「求婚」的房裡，然後逃之夭夭。但這並沒有阻止克莉絲汀娜的父母和被唾棄的主教將她許配給一個年紀相近的貴族。別無選擇的克莉絲汀娜只能逃跑，她躲在一幅掛毯後方，緊抓著牆壁上的一根釘子，以免她的準夫婿和同夥拿著火炬在房裡找她時，發現她的腳。克莉絲汀娜已經做好準備，有足夠的時間從另一扇門溜出去、跳出窗外、翻過圍牆，然後跑得越遠越好。此時，她只需要找到自己的同夥，換上男裝，盡快騎馬抵達安身之處。

噢，她接下來還會遇到大批出沒的蟾蜍，得唱宗教歌曲驅逐牠們。

聽起來有點不切實際（怎麼會出現蟾蜍？）。這部有關克莉絲汀娜早年生活的唯一紀錄稱為聖徒傳記（hagiography），傳記的作用是形塑某人生平的細節，向基督教讀者強調她們的聖潔。克莉絲汀娜的冒險可能發生過，也可能沒發生過，但對讀者來說是「真實」的，將「她是個聖人」的重點傳達給讀者，就像透過盔甲、泥巴和維京人（Viking）的存在，告訴你這是中世紀的道理相同。

至於法蒂瑪（Fatimid）王朝的政治掮客斯蒂特．穆克（Sitt al-Mulk），她的傳記作家就不需要這樣的宗教動機來述說穆克的故事。

這位幕後「顧問」斯蒂特．穆克，出生於法蒂瑪王朝遺棄的突尼西亞（Tunisian）首都，在繁盛的新都開羅度過一生。穆克從小聰明絕頂，她身為哈里發（Caliph）的孫女，自青少女時期就在宮廷中練就政治手腕。畢竟，中世紀早期的政治不可能沒有權力鬥爭。

作為一名年輕女性，穆克讓她的追求者互相爭鬥。她熟練地提升自己家族的地位和權力，同時建立自己的政治人脈。更仔細地說，這些人脈包括一支龐大的軍隊，以及有錢有勢的奴隸顧問。在九九五年，她十歲的弟弟哈基姆（al-Hakim）繼承了王位，他的首席顧問巴爾賈萬（Barjawan）則成為攝政王，掌有實權。

穆克很謹慎地在這個時期保持未婚狀態，以拉攏更多盟友，並不斷贈送奢侈的禮物給弟弟。因此，當她的其中一個盟友在一〇〇〇年暗殺了巴爾賈萬（誰知道為什麼？）之時，哈基姆已經對姊姊言聽計從。結果呢？開羅的文化生活蓬勃發展，法蒂瑪王朝的國際聲望從此大漲。

根據傳記作家的說法，在接下來的十七年間，穆克負責為哈里發做出優秀的內部決策，有助於維持遙遠省分的忠誠度。由於她的盟友執行了許多諸如此類的命令，因此她很有可能參與了決策過程。還有另一個跡象顯示出穆克的影響力：有些態度輕忽的領袖，像是提尼斯（Tinnis，鄰近亞歷山卓的富裕城市）的統治者，會繳交稅金和貢品到她的私人金庫。

哈基姆不願意屈居於姊姊之下，就像第二小提琴手（或許這是他後來禁止音樂的原因之一）。在危險的法蒂瑪宮廷，他想證明自己並非無能，主要有幾個方法：一、暗殺支持姊姊的高官；二、做出災難性的財政和政治決策。（說句公道話，如果有一大堆人認為你神聖非凡，而你不一定同意他們的判斷，要在這樣的情況下做出有智慧的抉擇並不容易。）這些抉擇包括在一〇一三年指定兩名繼承人，這兩個人都不是哈基姆的兒子，而且還試圖暗殺他的孩子們與他們的母親。哈基姆還運用了自己所謂的神性，禁止女人離開家中，奪取頭號支持者科普特（Coptic）基督徒的財產，並禁止音樂和酒。他就跟你想的一樣受人愛戴。

一〇二一年，哈基姆失蹤了。

穆克帶頭發難，控訴是弟弟的一名政敵殺害了他。她還發起了一場政變，暗殺了哈基姆的其中一位繼承人、流放了另外一位，接著宣布一名未成年的姪子為真正的繼承人，並親自攝政。王子們可以打退堂鼓了。

你心想：「可是穆克是法蒂瑪的公主啊，馬基艾德的克莉絲汀娜則是聖人。她們找到了不結婚的方法，但她們跟我不一樣。我不可能變成她們。」好吧！你思考一下，在一二〇〇年左右，撰寫女性聖徒傳記的男性傳記作家，將開始為讀者和聽眾加上一條免責聲明，改變以往對聖徒傳記的認知，聲稱她們應該要被崇拜，而非模仿。

克莉絲汀娜的傳記很可能是在一一〇〇年代中期寫成的。也就是說，並非一定要當公主或聖女才能拒絕婚姻並成為英雄。儘管模仿吧。

如何找到啟蒙師父

每個拯救世界的英雄都有一位師父可以學習和超越，並目睹他為了教會你自立自強，而高貴地犧牲自我。你已經知道你想要找什麼樣的人，留著白鬍鬚的老頭子，很高，（有時）戴著尖尖的帽子，穿著具有學者風範的長袍，法力強大；他還是惡魔之子，被活埋在石頭裡。

或許你不想要梅林（Merlin）這樣的師父。

幸好，中世紀還有兩大群人搶著當你的師父，即使你不是傳奇的英國亞瑟王（King Arthur），你也沒有會把你的父親偽裝成繼父的師父，好讓他去強暴你的母親，導致你的出生（梅林的簡歷：送你持續帶來好處的禮物）。聖人和老師多得是，你只要選個喜歡的類型，師父就會自己來找你了。

所以放輕鬆吧，坐下聽聽這些聖人和老師爭辯他們的優勢，為什麼會是你最理想的師父人選，能夠培養和引導你成功完成任務。

◈選項一：聖人

在中世紀，選擇聖人當師父是自然又合理的選擇。

基督教聖人是歐洲中世紀晚期的「一站式師父商店」。他們熱心助人，數量多到教會都數不清，你可以相信他們不是隱藏的邪惡反派。對英雄來說最重要的是，他們能做到一般人做不到的事。聖人是超自然的傳聲筒，人們可以透過聖人感覺更加接近上帝，即使祂已無所不在。聖人可以接受基督徒的請求，確保上帝回應他們的禱告，雖然上帝只做祂想做的事。

換句話說，聖人可以教你如何服從上帝的命令，如何在戰役中活下來、贏得勝利，也能治癒傷病苦難、幫助你過世的親戚上天堂，以及確保你也能上天堂（但現在還不是時候）。對了，他們還能教你如何讓你的敵人遭遇大量死亡和毀滅。你所要做的僅是選一兩個聖人，以他們為榜樣，過著虔誠的生活。

這對一個英雄來說，夠簡單明瞭、也夠令人興奮了吧？以亞歷山大的加大肪納為例（先別糾結這不是真人真事，因為她的傳說讓她在某種意義上顯得真實，就像安條克的瑪格麗特和尼科米底亞的芭芭拉。）加大肪納是三世紀的一名異教（！）公主，擁有過人的智慧、美貌和魅力。她吸收了所有她能夠得到的知識；她的父親大為讚賞，便為她蓋了一座圖書館。父親死後，她以十四歲的年紀繼承了王位，每個人都勸她趕緊結婚，找一名適合的男子來統治王國。加大肪納「女王」一笑置之，堅持自己才是最理想的統治者，感謝各位的關心。而事實的確也是如此。

加大肪納在改信基督教之前，已經是一名學者、老師和充滿智慧的統治者，所以可以肯定的是，她原本就具備這些才能。你也可以確定她會願意當你的師父。身為女王的她，教導子民有關基督教的基本道理，接著以身作則引導他們改信。更令人印象深刻的是，當信奉異教的羅馬皇帝來訪時，她衝到他面前，命令他停止處死基督徒。他冷哼一聲，說：「閉嘴，小女孩。」加大肪納女王以更粗魯的話語嗆了回去，然後利用她的聰明才智，證明他是個糟糕的統治者。

最後一部分最為精彩。五十名異教學者向她下了挑戰書，跟她進行了一場宗教辯論，而且是五十個人同時進行。十八歲的加大肪納以她的伶牙俐齒和古希臘哲學知識（真的）讓他們羞愧地無地自容。

（另一個亮點是，加大肋納因為基督徒的身分被逮捕並受到酷刑，但刑具突然爆炸，有四千人因此死亡，但她沒死。當然，在這起事件後，皇帝必須命人直接殺死她；要是他沒這麼做，加大肋納不會成為處女殉道者，也不會成為聖人，你就不能找她為你指點迷津。）

加大肋納的一生是個很棒的故事，主角是個很棒的女英雄，中世紀基督徒非常喜愛。十五世紀紐倫堡作家凱薩琳娜．圖徹（Katharina Tucher）把女兒取名為「凱特蕾」（Katrei），並選擇聖凱薩琳（St. Katherine）修道院作為養老之處，也潛心閱讀同名人物錫耶納的加大利納（Catherine of Siena）傳記（真人真事）。老天，惡名昭彰的亨利八世（King Henry VIII）有一半的老婆都叫凱薩琳呢！

重點是，除了牧師、修女和圖徹以外，大部分的基督徒都不識字，無法自己讀加大肋納的故事，所以他們只聽過教會認同、值得效法的版本。基本上，就是不要做愛，要開開心心地接受苦難，接著還是不要做愛。

不過，打賭你沒想到這個故事的主角會是一名喜歡讀書、辯論，以及對國王嗆聲的青少女，你不會認為那是你該學到的課題。

所以到頭來，或許你會放棄請聖人當你的師父。因為你想想，亨利八世有一半的老婆叫凱薩琳，而被處死的老婆中有一半也是。

選項二：老師

選擇你最喜歡的老師當師父，是自然又合理的決定。就這麼辦吧！雖然一點創意也沒有。但畢竟，你周遭所有學生都會這麼做。（當然，那時候所有學生都是男性、青少年、基督徒、家裡算有錢，還會讀拉丁文。但誰管這些？）

在第一批大學於一二〇〇年左右創立前，程度高的學生會千里迢迢橫跨數個國家求教，不管老師住在哪裡。（基本上，創立大學必須要有足夠的學生和老師能集中在同一個地方，團結起來要求特別的法律權利，像是如果他們犯罪，不會被地方政府控告。）所以你立刻知道這位潛在師父願意教你，對於你想要學的東西十分精通，而且經驗豐富，名聲足以遠播到你的村莊。

在中世紀中期的歐洲選擇老師，唯一真正的缺點是太多學生競爭，每個人都想獲得潛在師父的特別關注。不過即使如此，你還是會找到激勵人心的例子，像是同出一個師門的學生團結起來，成為改變世界的力量。

例如，約翰．斯考特．愛留根納（John Scotus Eriugena，八一五－八七七），他起初是愛爾蘭（Ireland）的頂尖學者。隨後，他接受私人邀請，到西德的亞琛（Aachen）經營九世紀歐洲最好的學校。學生紛至沓來，沒什麼理由不這麼做吧？（別理會謠言）愛留根納是優秀的神學家、哲學家和翻譯家，堪稱完美的師父。（就算你從朋友的哥哥的表親那裡聽說，愛留根納作為老師有幾個缺點又如何？）在他的領導下，亞琛學校變得更大、更好（一千年後，人們會相信那只是謠言），名聲也更加響亮。（謠言絕對不是排除老師作為師父人選的理由！）

不出所料，愛留根納的領導能力和學術成就，將學生以中世紀歐洲前所未見的方式團結在一起。在八七〇年代晚期的某一天，他們在課堂上聯合用筆刺死了他。

但那只是謠言，對吧？

最終抉擇

所以你選擇誰當師父？祝你好運。

如何訓練巫師

「在這些書籍的幫助下，我學會了兩種巫術。」莫里尼的約翰（John of Morigny，一二八〇－一三二三之後）寫道。「另外還有地占術、火占術、水占術、氣占術、手相和驅邪術，以及上述類別下幾乎所有的分支。」太好了。中世紀真的有不同種類的魔法，真的有人在使用，而且最棒的是，從書上就可以學到。

先撇開你應該不識字的小問題，因為農夫的生活不太需要讀寫技巧。約翰寫的書可以作為你的指引，而他本人也可以當你的嚮導。更好的是，約翰是一名虔誠的基督教修士。（別擔心，英雄一定會遇上的宗教裁判糾紛，要到後面才會發生。）

最重要的是，約翰希望當你的嚮導。他不僅熱中於寫咒語書，還寫了一本半自傳小說，描述他如何學習、使用和教導魔法。他苦苦哀求你讓他當嚮導。

你能不能相信他是另一個問題。

評估他值不值得相信，你必須思考三件事。一、約翰不按時間順序講述事件，巧妙地掩飾那不合常理的人生故事時間軸（除非他真的很討厭他的妹妹）。二、這本標榜是自傳的小說讀起來像在打廣告，告訴大家為什麼應該使用他的咒語書，而非其他人的暢銷作品。「像在打廣告」是因為他很直白地這麼說了。三、等一下會解釋，約翰自學魔法是為了寫作業時作弊。

根據約翰的說法，他的表現令修道院的長官刮目相看，因此送他到奧爾良（Orleans）的大學研讀法律，以便擔任莫里尼修道院的對外代表。（事後證實，他明明在修道院外生活，同時又要代表修道院，暗示著其他修士送約翰去念書的動機，可能跟他說的不太一樣。）

然而，約翰馬上就遇到了幾個不應該出現的問題。一、他對一本咒語書產生了興趣，開始看到邪惡的幻覺（顯然不是什麼問題），但他不斷說服自己，他是在做上帝要他做的事（這才是問題）；二、他的魔法很爛，只好向一名義大利猶太人求助（這對歷史的正確性來說是個問題，因為「猶太巫師」引導基督徒走火入魔，是一個令人厭惡又無所不在的文學修辭）；三、他如果在一本魔法書上遇到困難，會用第二本魔法書找解決方法。這一本中世紀最知名的巫師指南叫做《公證藝術》（*Ars notoria*），它原本的拉丁文書名聽起來酷炫多了；四、約翰不想上課，所以他做了所有懶惰學生都會做的事——自學成為巫師，而且是來真的。

來自倫巴底（Lombardy）的陰險猶太人雅各（Jacob）已經為他指明了方向。既然《公證藝術》保證讓你在一夕之間學會世界上任何科目，誰還需要去上課或讀教科書？

因此，約翰把他的法律研究丟在一邊，希望透過儀式禱告來幫助自己研讀法律。每一晚睡覺前，這位一心想要當巫師的修士都會練習唸一段《公證藝術》的禱文。後來，他做了一個很美好的夢，醒來之後便獲得了禱文應許的知識：巫術、地占術、火占術、水占術、氣占術、手相和驅邪術，這些都是律師應該知道的東西。

然而，在其中七晚，約翰看到了意想不到的幻覺。第一晚，一隻手的影子遮住了月亮，接著沿著地面朝約翰伸出魔爪。他在睡夢中驚叫求救，影子便消失不見。在第二、第三、第四和之後的夜晚，他都夢見了某種像惡魔的生物越來越接近他、撲向他、纏住他，最後讓他窒息而死。

有了這個經驗，約翰提供給受訓中的巫師一項重要建議：如果你祈求要獲得魔法知識，而惡魔就傳給你，那肯定是因為你的巫術讓上帝相當滿意，惡魔才想要干預。絕對是這樣。

到了最後，如果你在幻覺中看見天使狠狠揍你一頓，一旁的耶穌不悅地瞪你一眼，就知道該適可而止了。

於是約翰寫道，他與《公證藝術》的冒險到此為止。他深信這本書是邪惡的，裡面的禱文只會讓他走火入魔。從那一刻開始，他只用老掉牙的拖延和填鴨戰術應付課業。（除了保留巫術、地占術、火占術、水占術、氣占術、手相和驅邪術知識的部分，或許法律也是吧，這部分他沒明說。）

這個嘛……他個人與《公證藝術》的歷險是畫下了句點沒錯。但我有沒有提到，他訓練妹妹成為巫師的部分？

你可以看得出來，約翰打從心底想當老師。他整部自傳的重點都在推銷他的其他著作，主要是給初學者閱讀的教科書。在某個段落，他甚至還提到，他原本已經著手撰寫巫術指導手冊，但上帝不認同，他只好把它丟了。

所以，當他十幾歲的妹妹布莉琪，不斷纏著他教她識字時（你很清楚這種感受），他心軟答應了。既然《公證藝術》讓他能夠如此快速地掌握火、水、土、氣、惡魔和手相的力量，還有哪本書比它更適合拿來教妹妹識字呢？不是靠書裡的咒語，而是書籍本身。用傳統的方式，像小孩子一樣，一個字母、一個字母地認。

布莉琪和哥哥一樣很渴望學習，光是認識字母並不能滿足她。和哥哥不一樣的是，她用《公證藝術》學會了(一)讀、(二)寫、(三)說拉丁語、(四)唱教會歌曲，以及(五)克服怯場。她的目標很單純，但下場也跟哥哥一樣，布莉琪開始在可怕的夢魘中看見惡魔。

根據約翰的說法，他立刻知道《公證藝術》背後隱藏的魔鬼正在折磨他的妹妹。他既恐懼又自責不該引導妹妹落入邪惡圈套。約翰勸布莉琪別再用這本魔法書學任何東西，她也照做了。從那天起，她便可以讀、寫、說拉丁語、在眾人面前唱教會歌曲，並在惡魔逼近時痛扁他們。

不，這並不合理，約翰自己讀過《公證藝術》，知道這本書很邪惡，還讓親愛的妹妹用來學習。其他事件的時間軸也不合理，約翰讀了《公證藝術》，也用這本書教導布莉琪，這本書受惡魔驅使，但自己仍持續使用，然後漸漸又再發現這本書很邪惡。

不過，管它是什麼故事，只要讀者肯買單就好，對吧？

他的著作其實是寫給初學者的教科書，教的是魔法。

約翰簡單的自傳就只有這個宣傳目的。他的書傳授……各式各樣的禱文和儀式，保證讓讀者解鎖各式各樣的知識。當然，由於《公證藝術》的書名已經被使用了，約翰只好把他的作品命名為《花之書》（*Book of Flowers*）。

他的自傳式介紹不僅彌補了不那麼響亮的書名，整體內容還告訴讀者《公證藝術》會使他們墮落，因此不該使用它。至於他試著寫一本巫術指導手冊但最後放棄的小花絮，也開始變得合理；約翰放棄它，是因為上帝不認同。但他出版了《花之書》，顯然上帝是認同的，這本書在極度謙卑的包裝下，像是承認他的巫術罪孽、悔恨自己差點毀了妹妹，約翰向讀者明確解釋為什麼他們應該用他的書來學習魔法。

中世紀教會當然不吃約翰那一套。在一三二三年，法國教會策畫了一場重大活動，燒毀了《花之書》副本，這對約翰的生命直接造成了威脅。無論如何，從那一天起，他的生活轉為低調，後半輩子再也無聲無息。

噢，不過《花之書》還在。在接下來一百年，它不斷地被複製，抄書者把書裡的禱文個人化，改成自己的名字，或是買書的顧客名字。人們不僅擁有或閱讀《花之書》，還使用它，自學裡面的禱文、咒語和儀式；他們也自學它教的魔法。

莫里尼的約翰可能有、也可能沒有自學巫術，以及教妹妹巫術，但他畢竟寫了被教會視為異端的著作。最終，約翰和撒旦（Satan）都訓練了無數讀者，像你這樣的讀者，如何成為一名巫師。

如何選擇服飾對抗邪惡力量

連西西里（Sicily）國王都知道：「讓你擊退敵人力量的並非是浮誇的裝飾，而是適合的武器。」法律[1]如是說。

這有點令人掃興。

一方面，這個說法不對，敵人的勢力也可以被巫術、賄賂或天外救星（deus ex machina）擊退；另一方面，中世紀歐洲很喜歡浮誇的裝飾。憤世嫉俗的修士約翰．卡西安（John Cassian）深知這一點，條列出「八惡念」，包括愛慕虛榮和奢侈，或過度作樂。在中世紀教會英明的領導之下，八惡念成為七宗罪，愛慕虛榮似乎沒有糟糕到名列其中，奢侈則被限縮為色慾。

教會對於華麗衣裳和過度消費的罪惡還是有諸多批判，因為中世紀教會要是不說教，那就不是中世紀教會了。在十五世紀的虛榮之火事件中，教士們要求群眾將化妝品和華麗衣裳丟入火中焚毀，有些人確實照做了。這些服裝不僅不適合對抗邪惡，因為它們本身就是邪惡。

至於那些人能積極維持這種上帝認同的簡樸生活多久，那完全是另一回事了。

雖然一二九〇年的西西里法規很不吸引人，但似乎暗示著中世紀能給你很好的指引，讓你知道在實際上或隱喻上的戰鬥中該如何穿著，即使根據時間、地點、性別、宗教、年齡、階級和職業不同，衣著類型也會有所變化。廢話不多說，直接進入主題。

◈沒錯，中世紀的確能給你一些很好的指引

在談到衣著時，你的西西里朋友除了指示「別穿得太招搖」外，還會有一大堆意見，而且他不會是唯一一個有意見的人。從十三世紀起，西歐興起眾多所謂的禁奢法令

---

1 Sarah Grace-Heller, "Angevin-Sicilian Sumptuary Laws of the 1290s: Fashion in the Thirteenth-Century Mediterranean," Medieval Clothing and Textiles 11 (2015): 88.

（sumptuary laws），一二九〇年法規是其中之一。禁奢法令可以規範任何數量的商品消費（consumption，不！共同的詞源不算是不好的雙關語），但衣服顯然是最常見的目標。最可惡的是，禁奢法令告訴人們可以穿什麼、不可以穿什麼。

這不代表一半的歐洲人都沒穿褲子四處亂跑。法律比較在乎誰可以穿皮草、誰可以穿哪一種皮草、誰可以穿多少皮草、誰可以在特定地點穿皮草服裝和飾品，並規定佛羅倫斯（Florence）的少男不能穿粉紅色的緊身褲，以及紐倫堡的男人不能穿短夾克。（最後這一點是這個城市的委婉做法，以禁止某些男人刻意「加強」褲子的某個區域，營造出放大的視覺效果。）

禁奢法令的目標是強化社會秩序，將各種時尚品限制在特定族群，特別是階級。舉例而言，社會階級越高，可以穿的皮草就越多。（什麼？你想要一個糟糕的雙關語。）

禁奢法令要求你在開始規劃冒險旅程時變裝。或許不是那些區分「國王和其他人」或「星期天的國王和其他日子的國王」的法律。但你可以學習哪些時尚是屬於中產階級以上，或特定職業的中產階級以上，或貴族階級以上。由於大部分執行這些法律的人是人們身邊的朋友，而非真正的政府官員，所以不會有太多人發現你不該穿成這個樣子。

有一條抱怨「浮誇裝飾」的西西里法律，甚至更進一步地證明了中世紀可以提供絕佳的穿衣建議。這條法令在亞拉岡（Aragon）和西西里的關係正處於長期衝突的狀態下頒布，因此在男性服飾的要求上很自然地把重點放在打仗的實用性，即使目的只是為了讓男人保持備戰的心態。舉例而言，你的披風會比較不保暖也不時髦，沒有毛皮內襯，甚至內層也沒有顏色亮麗的布料；但穿上它，在戰鬥中移動很方便。

另一方面，這條法令規定女性不能穿長洋裝。就立法者看來，這跟戰爭無關。不，浪費在裙襬上的布料應該要捐給窮人才對。

有關盔甲的規定更不在話下。

好消息是，對你這種在村莊長大的孩子來說，鎖子甲就是鎖子甲。你能選擇（買得起）的「好貨」就這麼多。你可以像君士坦丁大帝（Constantine）一樣，他的母親把耶穌十字架上的碎片和釘子放在他的頭盔裡，使其成為帝王身分的象徵之一，但英雄不該依賴天外救星的保護。所以如果你要穿越荒蕪地帶，或是任何天氣比英格蘭好的地方（那……就是所有地方），你要記得把打包一件罩袍，穿在最外面，照射在閃亮金屬上的陽光，對於保持水分沒有幫助。

更好的消息是，如果你升級到穿板甲，十五和十六世紀的城市都爭相製作最好的盔甲並聲名遠播（要是可以成為市民的驕傲，誰還在乎錢？大家都是這樣吧？）

有些城市在這個競爭當中被遠遠抛在後頭，甚至連試都懶得試。但總得有人製作便宜的盔甲吧，就是在說你，倫敦。紐倫堡和奧格斯堡（Augsburg）則是不遺餘力地保護它們的盔甲和盔甲匠；紐倫堡甚至不願意把鐵匠用來製作盔甲的金屬賣給非當地居民，因此這些德國人把優勢留在家族裡的策略，就是出一本如何挑選寶劍的手冊。

有件事能讓你自在一些：通常大師們只專精於製作盔甲的某一部分，像是奧格斯堡的赫爾姆斯米德家族（Helmschmied，直譯的意思為「頭盔匠」），他們擅長的就是……做頭盔。只要在城裡（或甚至城外）打聽一下，就會得知哪些家族（像是赫爾姆斯米德）打造的盔甲最棒。你會知道要找哪一位大師的標章，有時在盔甲上看得到。

為了確保盔甲的性能，紐倫堡和後來的奧格斯堡都規定要對每一副盔甲的成品進行檢驗，確保是否含有足夠比例的鋼鐵。可惜的是，他們從未寫下如何檢驗盔甲，只提到沒有達到標準就會銷毀。希望你當時沒穿著這樣的盔甲。

「銷毀」與否是一個分辨盔甲有無通過標準的好方法。至於優良的成品，檢驗者喜歡加上自己的標記，像紐倫堡就是一隻驕傲老鷹的城市象徵。在一四六一年，奧格斯堡的公會建議盔甲匠蓋上城市專屬的象徵——松果。對，真的。在中世紀基督教，松果象徵復活，這在戰鬥中或許比盔甲還有用。

◈但……中世紀可能也給不了好的指引

禁奢法令告訴你該穿什麼「服飾」對抗邪惡；盔甲規範則教你該穿什麼服飾「對抗」邪惡……

來簡單談談以法律作為歷史資料來源這件事。法律可以很好地反映出一個社會的理想，或至少是折衷方案，但想利用它來搞清楚人們實際上的行為卻有點麻煩。一條法令可能禁止某種行為，因為立法者擔心有人會去做，即使實際上並沒有；也可能因為每個人都在這麼做，或是介於兩者之間。你該知道的是，法律存在並不代表它有被遵守。

舉例而言，你可能猜得到人們不會太嚴格遵守禁奢法令和盔甲規範。有些義大利城市甚至找不到人來執行禁奢法令，監督執法的職位一直空缺著。隨之而生的法令則是提高賞金，鼓勵居民舉發違規的鄰居。接著還有「只做表面工夫」的人，他們的策略包含偷偷地將普通皮草染色，讓它看起來像是高級款。

至少這種裝模作樣的行為，讓你知道可以怎樣運用少少的錢進行變裝。如果能更確實實踐盔甲規範就好了，但連在這方面都還是有鑽漏洞的可能性。紐倫堡的高品質盔甲標記，無法強力保證一副盔甲的成分，即使這座城市對仿冒它的標記來魚目混珠的不肖人士非常不滿。（別學弗里茲．包爾斯米德（Fritz Paursmid），他在一五〇二年因為使用了一個跟紐倫堡老鷹太過相似的工匠標記，而吃上四個星期的牢飯。）

‡

最後，中世紀的資料的確提供了一些指引，讓你不管在何時何地都能知道該穿什麼服飾對抗邪惡。但禁奢法令和盔甲規範提供的是準則，而非必然。所以你該心存感激，既有了基本的概念，又不必如履薄冰地遵守這些法律。你必須對抗邪惡，因此沒有時間可以「花費」（consume）在粉紅色緊身褲和貂皮內襯上。

好啦，雙關語玩夠了。

留宿旅店

中世紀的庶民文化

2

如何找到旅店

在十四世紀的倫敦，通常你能買到最小杯的麥芽酒是一夸脫（約九百四十六毫升）。不是一杯、也不是一品脫（約四百七十三毫升），而是一夸脫。再者，根據法律規定，旅店老闆必須在夜間把門鎖上，任何人都不能進出。不過，這些政策根本沒有關連。

你在中世紀世界的冒險途中，會需要睡覺，而你可能想要睡在屋簷下，而非星空下。你不一定要找旅店住，中世紀早期的伊斯蘭世界發展出一個結合旅店和貿易站的網絡，這些地點稱為「豐都格」（funduq），它們的名聲沒有西方的旅店那麼糟。而你要成為合格的房客，就必須擁有實體商品，但你在逃離「超自然」敵軍時，不太能攜帶這些東西。

另一個好方法是，加入宗教！教會要求教堂和修道院提供過夜的庇護所，來者不拒（這往往意味著貴族和他們的隨行者，不管適不適合），而殷勤好客的宗教原則也同樣深植於猶太教和伊斯蘭教。

住宿清單可以列個沒完沒了，包括連你的小村莊也知道並害怕的那個選項，也就是人們有法律義務提供任何路過的朝聖者或駐紮士兵借住。不管原主人一家必須睡在閣樓或棚子裡多久。

不過，面對事實吧！你在別人家借宿，就算可能遇到哭不停的嬰兒你也沒差，但你很清楚駐紮軍隊是什麼德性，而你也不想讓另一個家庭對留宿的陌生人感到緊張。那待在教堂、清真寺或猶太會堂裡呢？一點意思也沒有。這可是中世紀晚期的西歐，你會想要喝一夸脫的好麥芽酒並體驗酒吧鬥毆。旅店是不二之選。

◈ 找旅店的技巧

旅店代表賺錢機會（無論是收取住宿費或其他不太合法的事），因為這種地方會有很多旅人。一般而言，旅店會位於交通匯集之處，像是城鎮、朝聖地、主要道路沿線。對你來說更好的是，郊區（沒錯，郊區）或城鎮近郊也找得到旅店，這樣就不必支付進城的過路費。

如果你最後還是到城裡住宿（你會的，英雄都這樣），將遇上一點挑戰。在一三〇九年，倫敦有三百五十四間需繳稅的酒館，不接受過夜旅客的酒館跟非正式、逃稅的快閃旅店數量差不多。換句話說，可能沒有所謂的「旅店區」或「酒館街」。

當你走在蜿蜒曲折的街道時，你會留意建築物上的招牌是否有掛代表旅店的圖形標記。幾乎每一座城市裡的旅店老闆都會在柱子上掛花環，但有一大堆不同的版本，旅人必須進去諮詢。（例如在巴黎，很多招牌都是以聖人的形象作記認。不能怪人們有這種一廂情願的想法。）

但在倫敦就有三百五十四間酒館，彼此競爭很激烈，老闆必須想辦法讓自己的店獨具風格。他們通常會在店名上特別花心思，這是令人難以置信的新奇策略，可也並不是說名稱是有創意的。當威廉．波爾蘭（William Porland）記錄了十五世紀的五十間酒館名稱，發現其中六間都叫「天鵝」，但這不算是老闆的錯。當時識字率頂多百分之三十至四十，代表百分之六十至七十的客人讀不懂店名，老闆自己也寫不出來，沒必要用文字的名稱來辨別不同旅店。店家經常以適合作為招牌的圖形符號來呈現店名，一眼就吸引你的注意力，而往往會採用紋章符號，因為每個人都認得它們的意義。這些被騎士和貴族用於象徵家世顯赫的圖案，同時也能拿來辨認人們喝醉和做蠢事的地方。

不是每一間旅店都用紋章圖案來做招牌或取名稱，聖人肖像當然也很受歡迎。這代表你能在各式各樣的「凱薩琳之輪」旅店喝酒，你知道的，就是那個恐怖裝置，專門用來折磨亞歷山大的加大肋納。

換句話說，你走進旅店後最好也小心點。

◈旅店的規模

你在西方（伊比利半島的伊斯蘭地區外）找到的旅店，不會是開羅那種擁有三百床的「豐都格」或是同樣等級。但在一三〇〇年代晚期，任何搬得上檯面的城市，都至少會有一間上得了檯面的旅店，裡面包含多達二十間小客房，或數量少但空間大的房間。

你當然負擔不起這樣的旅店。

你想知道旅店符不符合你的預算，並不能從它的評價來判斷。至少在城鎮中，旅店往往和其他建築物一起融入在城市景觀中，甚至外觀可能和街道兩旁的一般平房或店家相差無幾。但這也很正常，因為旅店經常以住家的布局為基礎，甚至是由家族來經營。

不管你是直接從街上走進去，還是從二樓的房客專用馬廄進門，都會來到一個放了桌子和長凳的公用空間，以及熱心教你什麼叫做無恥下流的房客。廚房和廁所會直接與這個公用空間相連，但希望兩者不是彼此相連。

至於住房業務，你會跟旅店老闆談好（一部分）床位的價錢。照理說，你會走樓梯上去到你的（共用）房間；另一個可能性是爬梯子，考量到公用空間基本上是酒吧，這樣的設計很有趣。

◈旅店的住客

很抱歉讓你的獨行俠夢想幻滅，但一個任務要成功，同行的隊員不可少，而旅店的公用空間提供了最豐富的人才庫。畢竟，每一位老闆都希望能讓客人待得越久越好，也就是越有可能花更多錢在大吃大喝上。服務當地客群的酒館，有時候會有從事相同技術活或其他工作的男人（偶爾也有女人）來光顧。但在旅途中，什麼樣的人都有可能出現。

你會看見朝聖者、使者、小商人、僕人、士兵、新移民等等，只要旅店老闆願意收他們的錢。男人還是多於女人；從希臘神蹟故事和義大利滑稽戲可以看得出來，女人待在旅店很容易面臨被強暴的威脅，而且名聲敗壞幾乎是無可避免的下場。就算見到各色人種你也不會感到意外，尤其越靠近地中海越是如此。

酒館和旅店也有員工，大概就是經營者的家族成員和幾個僕人。另外還有不是員工的「勞工」，為了掙一口飯吃，就像角落那個吟遊詩人。

我有提到吟遊詩人這號人物嗎？

如何忍受吟遊詩人

「忍受」？為什麼這麼悲觀？

這可是中世紀！充滿羅曼史和詩歌的年代！絕無僅有的音樂年代！不相信我？看看九世紀鄰近巴格達（Baghdad）的薩邁拉（Samarra），據說那裡敵對的人氣天后們，培養了會彼此仇視的粉絲群。在十五世紀的英格蘭，約克（York）的官方樂團會到其他城市巡迴演出。十二世紀的法國會譴責幕後性事和放蕩行為。還有，在五世紀初的巴勒斯坦（Palestine），有一名學者大半輩子都住在洞穴裡，大肆批評流行音樂是崇拜魔鬼的捷徑。

真的是絕無僅有的年代。

透過音樂來探索整個世界會是這趟旅途中最令人感到興奮（而且最不會有生命危險）的事情之一。根據羅曼史詩人吉恩．雷納特（Jean Renart）的描述，在十三世紀初，歌手會清唱，或是由一種稱為「維葉琴」（vielle）的弓弦樂器伴奏。你還可能會聽到喇叭、長笛、風笛、其他管絃樂器或震耳欲聾的鼓聲。另外，有種笛鼓（pipe and tabor）非常受歡迎，這是一種以一支笛子和一面鼓組成的樂器，由一個人同時演奏，可以說是用一款樂器的價格就能買到兩款的概念，真是好幸運。

要聽到這些樂曲，你不必特地進入城鎮或宮廷。就跟約克鎮上的音樂家一樣，許多歐洲最傑出的樂器演奏者和歌手都會四處表演。例如在一三七二年，亞拉岡的胡安一世王子（Prince Juan I of Aragon）出錢派了四名宮廷音樂家到法蘭德斯（Flanders）學習，為了讓他們跟得上最火紅的音樂潮流。回程途中，他們被命令在巴黎短暫停留，為法國國王演奏。此舉的原因是，胡安相信他的音樂家夠優秀，他國國王會認為欣賞他們的表演是一個禮物，而非糟糕到讓人想發動戰爭。

不是每個人都能擔負這樣的信任。中世紀歐洲有很棒的音樂家，也有妄想自己能成為很棒的音樂家。特別是在旅店和路上容易看見。

中世紀音樂文化還有另一個絕無僅有的特色——大量平庸無奇的音樂家。在約克等地的吟遊詩人公會要求城市禁止非會員表演，但公會本身卻沒有盡到品質管理的主要責任……

嗯。所以我才會這麼悲觀。

沒錯，當討人厭和過度熱情的吟遊詩人硬要加入你的行列時，你會需要一些策略來應付他。

◈策略一：裝聾作啞

中世紀世界對殘障人士不太友善，從以下這一點看得出來，這個時期關於他們生活的證據，有很多都是來自於奇蹟似「痊癒」的故事，但這不代表聾啞人士無力照顧自己。在一二七〇年代，有個瑞士（Switzerland）村莊為一名叫路易的聾啞男孩發明了一種早期的手語，讓他成為著名的鐵匠。

如果狀況允許的話，就把你的殘疾轉為優勢吧！西班牙失聰修女泰瑞莎・卡塔赫納（Teresa de Cartagena。最後的詞彙是姓氏，不是出生地）就做到了。在中世紀西歐，修女和修士最主要的職責，就是每天（和每夜）花大部分的時間「唱」禱告詩歌。泰瑞莎（出生於一四二〇年左右）以她的聽障作為靈感，寫了兩本書。在第一本《體弱者之林》（*Grove of the Infirm*）中，她將失聰的不利之處，像是聽不見宗教音樂及無法完全參與祈禱，轉變為內在的果實，隔絕外在世界，幫助失聰人士專注於上帝。在第二本書《驚奇的上帝作品》（*Wonder at the Works of God*）中，她列出了一長串原因，委婉地告訴那些侮辱她的人，為什麼他們錯了。

噢，還有，泰瑞莎是西班牙最早的知名女性作家之一。

以泰瑞莎為榜樣吧。欣然接受自己能夠不費吹灰之力地擋掉吟遊詩人，並嘲弄其他辦不到的人。

◈ 策略二：等待時機

如果你只能學泰瑞莎用這種隱晦的方式報復那些霸凌她的人，那就咬著牙等吟遊詩人不小心出錯吧，就像一五一五年「克魯許先生」（Monsieur Cruche）在巴黎遇到的狀況一樣。他編寫並表演了一場布道兼滑稽戲，當場被國王法蘭西斯一世（King Francis I）叫人把他拖出去，可能是因為這場滑稽戲的重要角色明顯影射法蘭西斯與他的情婦。

至少根據傳言，法蘭西斯命人將克魯許全身脫光只剩內褲，並鞭打他。儘管這位吟遊詩人的尖叫聲在你聽來可能不是什麼美妙的音樂，無法彌補他先前對你的耳膜造成的痛苦，但這只是個開始。法蘭西斯一定認為這麼做還不夠，因為他還想下令把克魯許綁在布袋裡，再從窗外丟到下方的河中。

然而，克魯許逃過一劫，他聲稱自己是一名教士，只服從教會法云云。顯然法蘭西斯忘了克魯許是一名演員，而他的宮廷大臣在心裡偷笑而默不吭聲。

不，從你的情況看來，你不會那麼走運，吟遊詩人不會那麼容易悔悟並另尋出路。但別陷入絕望！克魯許逃過一劫的故事，顯示出三個與你的旅程息息相關的重點：一、在旅伴之中，如果有個擅長假裝自己社會地位很高的人，會是一大幫助；二、在中世紀晚期，如果你想要利用神職人員身分拿到好處，標準做法是證明你懂拉丁文，這個技能也相當有用；三、讓克魯許的故事廣為流傳的謠言，很有可能如實重述了滑稽戲的內容，也絕對誇大了他可能受到的懲罰。所以即使你的整隊人馬都被吟遊詩人的行為拖累，應該還不至於因此喪命。

◈策略三：發大財

如果你不能像泰瑞莎一樣專注於上帝，那就做自己，專注於貪婪吧。

中世紀的音樂表演是相當賺錢的行業，這點著實令人意外。有些樂器演奏者和歌手是全職受雇於市政府的。法國皇家歷史學家里戈（Rigord，一一四八－一二〇八）指出，國王會賞賜黃金、銀子、馬匹和衣物給藝人，總價值足以餵飽一個人一整年。在伊拉克（Iraq）和安達盧斯（al-Andalus），作為奴隸的女性作曲家和歌手賺得錢絕對足以替自己贖身。對，就算和吟遊詩人一起旅行時耳朵很痛，但你將會提醒自己，能住得起旅店總比睡在帳篷裡好多了。

「將會」是個很主觀的用語，對吧？

在中世紀晚期的城市中，處處都有能讓個人音樂家獲得酬勞的演出機會，像是為交際舞會演奏或為家庭表演、伴隨遊行隊伍奏樂，也可能為年度宗教戲劇提供配樂。有些吟遊詩人能和一兩個酒館老闆攀上交情，讓他們籌劃收費的表演之夜。只不過，你不會希望你的吟遊詩人變得跟醫療理髮師（barber-surgeon）、歌手兼詩人的漢斯．弗爾茲（Hans Folz，一四三五－一五一三）一樣；紐倫堡市通過了一條法律，特別指名禁止弗爾茲在酒館進行收費表演。

不過，城市擠滿了想要透過演出賺取收入的職業音樂家，以及來自中產階級和上流社會的業餘音樂家，他們有人脈可以卡位（包括弗爾茲，他富有到可以買下或租下一家印刷廠）。其他音樂家——甚至是已經有償演出的幸運兒——則必須仰賴足夠多的觀眾丟幾個銅板給他們。在你目前的旅程中，你甚至無法確定，這位堅持跟著你的吟遊詩人有沒有辦法為舞會演奏呢！

接下來的策略三其實不太像策略。

◈策略三的替代方案A：和寵物培養感情

中世紀大部分的音樂表演都會融入其他類型的娛樂，像是朗誦亞瑟王的故事或扮丑角，如同大家最喜歡的藝人、那位差點被扔出窗外的克魯許先生。漂泊不定的吟遊詩人經常發展出其他技能，讓他們有找工作的彈性，雖然還是脫離不了睡帳篷的生活。

如果你不能像泰瑞莎一樣，如果吟遊詩人總是搞不清楚狀況，或害你變得比一開始更窮，那麼你可以在最受歡迎的副業找到安慰：動物訓練師。

勃艮第、史瓦希里（Swahili）城邦、巴格達、印度（India）到中國的貴族，都會豢養一些動物來展示或表演把戲，他們蒐集的動物通常包含獅子和大象等奇珍異獸。由於他們需要這些動物來表演把戲，所以會帶著寵物一起旅行。中世紀的人們也非常了解，要訓練動物必須先讓牠們跟人類親近。一本英文狩獵手冊甚至建議你派人睡在未來獵犬的狗舍裡，以便陪伴狗寶寶（史上最棒的工作！）。如果你在白天深受魔音傳腦之苦，至少夜裡能夠依偎著可愛的毛孩藉此感到安慰。

噢，對了。在英格蘭，漂泊不定的動物訓練師被稱為「飼熊者」（bearward），因為他們訓練的動物是熊。至於「擁抱」這回事……

◈策略三的替代方案B：學唱歌

自己成為吟遊詩人，讓其他人來忍受你。

如何識破騙局

亨利・佩奇（Henry Pecche）在黑死病的威脅中倖存，但他能順利度過午餐時間嗎？

在中世紀倫敦的窮街陋巷中，可能不容易。廚師會惡劣地把灰燼、沙子和「蜘蛛網」填進麵包和派裡，藉此增大它們的尺寸和重量[2]。一三五一年一月某個決定性的一天，佩奇和兩個朋友一念之差，到亨利・帕斯露（Henry de Passelewe）經營的雞肉餡餅攤消費。根據陪審團的說法，這些雞肉餡餅「惡臭腐敗，令人憎惡[3]。」

佩奇和他的朋友幾乎快把餡餅吃光了，才發現這一點。

所以到了午餐時間，千萬別跟佩奇一樣。別花時間和金錢吐出四分之三隻腐爛的雞，也別以非法價格購買啤酒，或吃下用馬飼料做成的吐司麵包。太多小販連一毛錢都不放過，要是你用便士（penny）付錢，而非更高面額的硬幣，他們還會收取額外費用「調整」匯率。

你當然不會耍這些小手段。所以你必須從法令規章和商人手冊學會防範這些騙局，不管在旅店裡還是旅店外（該防範哪些事，你懂的）。如同你可以預料到的，第一個要注意的就是酒精。

酒類詐騙的氾濫程度可能比表面上還嚴重。在中世紀，飲水很充足，只要是「甜水」而非「苦水」就可以喝，煮沸後的苦水或許也沒問題。但葡萄酒、啤酒和麥芽酒是各年齡層基督教徒和猶太教徒的日常飲品，這些酒類額外的卡路里和滋味，多多少少讓它們成為了中世紀版本的汽水。

儘管如此，有一大堆道德魔人會大聲斥責喝酒喝到醉倒是一種罪大惡極的行為，因此你在酒館點飲料之前，最好三思而後行。

酒類最早的陰謀詐騙就跟《聖經》一樣古老。旅店推出的餐點都會配上好酒，但隨著

---

2 Henry Thomas Riley (ed.), Munimenta Gildhallae Londoniensis (Longman, Green, Longman, and Roberts, 1860), 3: 415.

3 Henry Thomas Riley (ed. and trans.), Memorials of London and London Life in the XIIIth, XIVth, and XVth Centuries: Being a Series of Extracts, Local, Social, and Political, from the Early Archives of the City of London (Longmans, 1868), 266.

客人酒酣耳熱，店家就偷偷灌進越來越便宜的酒，反正他們也分不出來；老闆可能一開始就謊報酒的品質和產地。舉例來說，奧格斯堡的小販可以販售任何法國酒，但他們禁賣德國酒，因此宣稱是法國酒就沒關係。

如果你從一開始就口袋空空，那麼就不會有晚上去喝酒被騙的機會。不，如果有人需要籌錢展開逃亡或進行任務，你——我的意思是他們——應該想辦法混進香料貿易這一行。由於西歐對香料的定義很鬆散，只要是「來自遠方又所費不貲」的東西都算在內，可以肯定只要好好工作幾天，就能發大財或吃牢飯。

與所有國際貿易商一樣，賄賂是另一條需要列出的預算。你有真正的騙局要去執行……我的意思是，要去擔心。香料都是一大批一大批地秤重販售，但通常樣品只給一點點。因此，別讓賣家幫你選樣品，你不能相信任何人。

在你的旅途中，你一定會遇到在磅秤上動手腳的賣家。或是另一個更超過的例子，威尼斯人（Venetian）抱怨亞美尼亞（Armenian）小麥商人（根據威尼斯人的說法）發明自己的秤重方法。你是外國人，根本就搞不清楚狀況。即使最後讓買賣雙方都感到滿意，還是很難避免小販偷偷在自己的產品裡增加一點點重量。

說實在的……你應該要有心理準備，在你買的香料中會被混入一部分的沙子或灰塵。

真的，倫敦實際上有一個公會，他們的工作就是負責把真正的香料挑出來。當然，如果你是到倫敦賣香料的商人，所謂的「篩選者」（garbler）對你並沒有幫助，但如果你是買香料的倫敦商人，你便會付錢給篩選者；的確，在這一行裡，大家都會來陰的。

別以為你會遇到的問題只有沙子。十四世紀有本書《達卡納記事本》（*Zibaldone da Canal*），用極長的篇幅說明該怎麼分辨品質好的香料和假貨。

香料跟任何你想要買的食品一樣，要想找出問題，最好的方式就是試吃。提醒你，有兩種比較貴重的香料，分別是粉狀氧化鋅和龍涎香，講白一點就是從煙囪刮下來的碎屑和鯨魚的乾嘔吐物，所以不是所有香料的味道都很好。再來，也不是所有香料都可以試，像是雌黃是一種用於染料的礦物，在新鮮時還沒什麼問題，一旦自然分解就會變成……毒性強烈的砷。

最後，香料貿易的運作極為仰賴名聲和回頭客，不像旅店老闆可以吸引到一次性的外國遊客，香料商要是傳出經常坑騙顧客的臭名，在這一行就會混不下去。除非他們同樣從事一次性的生意，那就另當別論。

所以囉，第一次光顧的外國顧客，多多注意你吃下肚的食物吧。

如何和酒吧女侍打情罵俏

「嘿，寶貝，想跟我回去修道院，聊聊我們的禁慾誓言嗎？」

先別這麼急，公老虎或母老虎（釐清一下：中世紀對老虎的描述比較像獵豹）。騎士精神是貴族在用的，特別是那些想要假裝自己驍勇善戰、頂著騎士光環的貴族。至於你嘛，在旅途中和酒吧女侍打情罵俏的下場有兩種：一、她故作矜持，找藉口加入你的行列；二、別人看到你們打情罵俏而眼紅，經過一場鬥毆之後，她被迫跟著你其他的夥伴一起逃跑。

所以如果你的撩妹金句是「我可能得把你吊在我的絞架上，因為你偷走了我的心」，也別擔心。你在開口之前還有三個問題要思考：你可以和酒吧女侍打情罵俏嗎？你想要和酒吧女侍打情罵俏嗎？最後，你應該和酒吧女侍打情罵俏嗎？

◈你可以和酒吧女侍打情罵俏嗎？

在愛情與戰爭中，沒有什麼是公平的。所以這個問題本身要分成三部分來看。

你可以和「酒吧女侍」打情罵俏嗎？

「嘿，寶貝，想要去告解色慾之罪嗎？」

你的撩妹金句就像歐洲的城市——還來不及產生新的取代，就把人殺死了。中世紀歐洲城鎮被稱為「人口水槽」，不是因為人們去到那裡可以變乾淨。不管你有多想和酒吧女侍打情罵俏，要是她死於瘟疫，那就沒戲唱了。

光靠本地人無法讓城市成長繁榮，但移民的幫助很大。在中世紀，城市人口隨著人們從鄉村移入找工作而爆炸。你距離比利時（Belgium）越近，就會看到越多希望賺取大筆嫁妝的青少女和二十多歲女性（比利時可是著名的愛之國度）。

換句話說，你的確可以和酒吧女侍打情罵俏，因為有一大堆年輕的單身都會女子，她們一邊工作、一邊尋覓穩定的關係……

只不過……

你可以和酒吧女侍「打情罵俏」嗎？

「你可能會被燒死，寶貝，因為你對我施了咒語。」

你的撩妹金句就像中世紀的婚姻——事先安排好的，都不會有好下場。

歐洲上流社會的婚姻基本上是媒妁之言，任何原因都有可能締下婚約，就是不會是因為互相吸引。如果你真的很不會撩妹，只說得出「嘿，寶貝，想不想看騎馬比武？我教你如何分辨騎士與侍從」，那麼用不著打情罵俏的求愛方式應該能讓你鬆一口氣。

但如果你達到了與酒吧女侍結婚的法定資格（男性至少要十四歲，女性只要十二歲即可），先別急。最好先跟納瓦拉的胡安娜・阿爾布雷特（Jeanne d'Albret of Navarre）以及永遠都嫌領土太少的威廉（William）公爵聊聊。

胡安娜的父母（也就是納瓦拉的國王和皇后）安排了女兒和威廉的婚事，他是一位妄想能夠反抗神聖羅馬皇帝的德國公爵。在一五四一年的婚禮當天，十二歲的公主新娘哭著被人抬進教堂。隨後，威廉的叛亂以失敗收場，婚姻也是，胡安娜在一五四五年結束婚姻。

另一方面，胡安娜積極安排了自己在一五四八年與安托萬．波旁（Antoine de Bourbon）結婚。這段婚姻最終讓她的兒子當上納瓦拉國王，以及法國國王。當她對丈夫不再有感情時，她說「沒差」，然後專心輔佐他的家族蒸蒸日上。她讓自己成為法國和納瓦拉異端新教運動的領袖，接著宣布新教為納瓦拉的官方宗教。那位在第一次婚禮哭哭啼啼的小女孩，到了第二段婚姻便登高一呼讓天主教變成異教。

別接受別人幫你安排好的婚約。這接續到下一個問題：

「你」可以和酒吧女侍打情罵俏嗎?

一切都說得很清楚了。

不可以。

◈你想要和酒吧女侍打情罵俏嗎？

「我是不是來到了文藝復興時期？因為你是真正的藝術品。」

你的撩妹金句，就是讓中世紀城市裡百分之十至二十五的女性絕不走入婚姻的原因。這個數字不代表百分之十至二十五的中世紀女性——修女不算在內——只對其他女性有興趣（也絕對不代表對你有興趣）。男性作家已經花了夠多的時間，用性別來定義女性；別讓他們得逞！中世紀女性維持單身的理由，有些是為了獨立自主、不想要有小孩、基於宗教考量，或其他千千萬萬我們所不知道的理由，因為她們沒把這些事寫下來。

另一方面，（合法）單身女性的生活，讓我們得以一窺那些喜歡同性的中世紀女性——不管是真正的迷戀還是一般的仰慕——過著什麼樣的同居日子。在一四九三年，（推測上）來自倫敦的湯瑪希娜（Thomasina）和一名只被稱為「同居人」（concubine）的女性一起住在倫敦。奧芬堡的葛楚德（Gertrude of Offenburg，逝世於一三三五年）是一名富有的寡婦，她讓年輕未婚的史道芬堡的海伊格（Heilke of Staufenburg）住進她家；兩人密謀從海伊格的兄弟手上贏得所有遺產，好讓生活更優渥。她們在一起三十年又二十八週，直到葛楚德過世。一二七〇年左右，呂貝爾西的妮可（Nicole of Rubercy）和一名只被稱為「康德絲」

（Contesse）的女子，在同一家旅店租了房間。雖然她們都一貧如洗，但其中一人生病時，另一個人就會兼好幾份差來共同維持生計。

同樣地，別為特定例子下結論，這些例子為同性之愛提供了樣板。不過無庸置疑的是，這些例子顯示出中世紀歐洲的女女戀發揮到了極致。如同葛楚德和海伊格被描述為「住在同一個屋簷下，同甘共苦，彷彿命中注定。當其中一人受疾病折磨時，另一人也痛苦不堪……她們以上帝之名作為朋友，互相扶持走過難關，一起過著幸福又快樂的生活。」[4]

所以如果你覺得酒吧女侍很正，去和她打情罵俏也無妨。機率不一定會落在百分之十至二十五這個範圍，但她很有可能回應你。

這時就要思考最後一個問題。男性、女性；已婚、未婚；是否受她吸引……

---

4 Anneke Mulder-Bakker, The Dedicated Spiritual Life of Upper Rhine Noblewomen: A Study and Translation of a Fourteenth-Century Spiritual Biography of Gertrude Rickeldey of Ortenberg and Heilke of Staufenberg (Brepols, 2017), 131.

◈ 你應該和酒吧女侍打情罵俏嗎？

「嘿，寶貝，想來我的城堡看高塔嗎？」

你的撩妹金句就像酒吧鬥毆，不會被家族所接受。我就告訴你吧，你光顧的酒館有很大的機會正是由家族經營。

可能是一名父親在自家的底層開設酒館，並訓練兒子繼承家族事業；或是一名母親偶爾在丈夫收入減少時，擺幾張桌子做生意；也可能是一名寡婦把家中一部分改為對外開放的空間。

是的，中世紀酒館有時是典型的獨立事業，擁有獨立的建築，可能還有自己的釀酒廠和大量員工（是的，有時稱為「酒館」是一種委婉說法）。不過，即使邁入了近代早期，開放給女性的正式就業機會還是普遍少有，但在小酒館仍相當常見，經常由女性當老闆，營業地點就在家中，並由整個家族一起經營。

賈克．法蘭索瓦（Jacques le Francois）某一年在皮特雷（Pitres）就被提醒了這一點。當時他只是靜靜地在喝一杯麥芽酒，酒館老闆一家人莫名其妙地要把他趕出去。（不意外地，酒館老闆補充說明，這麼做並非「莫名其妙」，而是因為賈克是一名殘暴的醉漢，攻擊了家裡人；一名鄰居則針對「殘暴醉漢」補充說明，「賈克和酒館老闆的家人因為土地糾紛而起爭執。」）

也就是說，酒吧女侍有很大的機率是酒館老闆的女兒。就算她是僕人……中世紀男人和女人經常控告他們的僕人，沒有經過同意就追求某個對象或結婚。

酒館老闆很注意要適時阻止顧客的暴力行為，讓他們醉到買更多麥芽酒或啤酒，並趁機灌水來獲得更大利潤。但如果他們還算是不錯的父母或雇主，而「酒館」並不是一種委婉說法，那麼他們同時也會盯著那位很正的酒吧女侍，還有你。

不管你是男性、女性、非二元性別，還是自體分裂繁殖的阿米巴原蟲，有時候和酒吧女侍打情罵俏真的不是明智之舉。如果賈克有任何意圖不軌的跡象，那一家人會竭盡全力保護自己。

現在來談談酒吧鬥毆吧。

如何成為酒吧鬥毆的贏家

賽爾保（Cerball）喝多了，爛醉如泥，這在西元八六〇年是個大問題。因他是奧索里（Osraige）的國王，國家正面臨維京人的攻擊。講明白點，對方已經攻進家裡；更明白點，此時此刻；再更明白點，人就在外面。他的貴族告訴他：「酒醉是與英勇為敵的行為。」

但賽爾保還是拔出了他的劍。如古愛爾蘭編年史所述：「賽爾保是這樣從房間裡走出來的：他把巨大的皇家蠟燭舉在面前，光芒照亮四面八方。挪威（Norway）人驚駭不已，逃竄至附近的山林。那些英勇留下來的餘黨，則全都被殺死。」[5]

噢，你指的「酒吧鬥毆」不是這個？

沒差。中世紀宮廷紀錄可以填補任何惡棍寶典。

◈案例一：一三二一年十一月，倫敦

麥可・戈喬爾（Michael le Gaugeour，「le」在中世紀英文姓氏裡很常見）和約翰・佛克斯（John Faukes）在一間阿貝奇爾歇蘭（Abbechirchelane）的旅店裡，玩一種叫「哈薩」（hasard）的擲骰子遊戲（可能是筋疲力盡的十字軍在戰事裡發明的）。他們玩到後來，一定發生了一些事，因為約翰沒有回家。他在酒館外埋伏，等到麥可出現時，用一把劍刺進麥可的心臟。驗屍官描述傷口將近六吋深。

約翰找到幾名修士提供的臨時避難所，然後從城市裡消失得無影無蹤。這不失為一個在酒吧鬥毆中勝出的好方法。

5 Anneke Mulder-Bakker, The Dedicated Spiritual Life of Upper Rhine Noblewomen: A Study and Translation of a Fourteenth-Century Spiritual Biography of Gertrude Rickeldey of Ortenberg and Heilke of Staufenberg (Brepols, 2017), 131.Joan N. Radner (trans.), Fragmentary Annals of Ireland (University College Cork CELT Project, 2004, 2008), https://celt.ucc.ie/published/T100017.html, FA 277.

案例二：一三三三年十二月，倫敦

史蒂芬·連恩（Stephen de Lenne，「de」在中世紀英文姓氏裡也很常見）和亞克斯·里克林格（Arcus de Rikelinge）在玩雙陸棋時下了賭注，而史蒂芬輕鬆獲勝。這兩名男子一起離開旅店，邊走邊聊天，亞克斯突然抽出刀子，刺進史蒂芬的肚子，還刺了兩次，其中一個傷口有四吋深。

亞克斯逃之夭夭。

案例三：一三四一年，羅亞爾河畔默恩（Meung-sur-Loire）

艾格妮絲·帕加納姆（Agnes la Paganam，是個法國人）曾發誓某塊田是戈蘭·皮奧涅爾（Guerin le Pioner）要採收的，但她找來了一群人並捷足先登。戈蘭所做的只不過是衝進她的酒館，罵她是騙人的婊子，威脅要燒毀酒館。

噢，直到他控告她、贏得訴訟，她必須賠一百里弗爾（livre）。在對手的酒吧讓對方吃鱉，可說是登上了在酒吧鬥毆中勝出的新一級別。

案例四：一三〇一年三月，倫敦

羅伯特・艾克斯特（Robert de Exeter）、羅傑・林肯（Roger de Lincoln）、亨利・林肯（Henry de Lincoln）和酒吧女侍萊蒂西亞（Leticia）沒有在下棋，但湯瑪斯・布里斯托（Thomas de Bristoll）和喬伊斯・康瓦爾（Joice de Cornwall）正在對局。不曉得是羅伯特、羅傑還是亨利認為棋盤看起來是個親熱的好地方，其中一人便和萊蒂西亞倒到長凳上，把棋子撒得到處都是。

接下來的情況很混亂，但總之湯瑪斯被脫光衣服，只穿一條內褲躲在樓上，羅伯特拿到湯瑪斯藏匿的匕首，喬伊斯則死在大街上。

羅伯特、羅傑和亨利逃走，而湯瑪斯學到了寶貴的一課：別隨便把武器藏在身上。

案例五：一三九七年，西敏（Westminster）

來訪的教士賽門・海爾格（Simon Helgey）在走進考克旅店（Cock Inn）時，可能醉翁之意不在酒。老闆艾莉絲・海瑟（Alice atte Hethe）同樣也不安好心眼，她一將賽門誘惑進旅店，她的朋友便撲上去抓住他。最後賽門沒了戒指、沒了錢包，連外套都被搶走，身無分文。

他下次應該會更努力遵守禁慾誓言。

◈案例六：一三〇六年，牛津（Oxford）

威爾斯的艾利亞斯（Elyas of Wales）和另外兩名男子試圖在一間旅店搞破壞，並強暴老闆瑪格麗・馬歇（Margery de la Marche）。她求助的尖叫聲大到街上和附近房子裡的人都聽得到。艾利亞斯的兩個朋友逃到街上，可他自己被鄰居約翰逼到地下室。艾利亞斯試圖逃脫，還打斷了約翰的前臂，但約翰仍死命堵住樓梯，並狠狠揍他的臉。

在這場酒吧鬥毆中，每個人都慘兮兮，但瑪格麗和約翰最後還是取得了勝利。當地的獄卒是約翰的父親。

◈案例七：一五一三年，慕尼黑（Munich）

上一秒，約爾格・里格勒（Jorg Rigler）和知名騎士卡斯帕・溫特澤（Caspar Wintzer）的不知名僕人還在共飲一杯酒；下一秒，他們就約好離開酒館，殺掉在路上遇見的第一個人。

夕陽西下時，這名衰鬼苦苦哀求他們饒他一命。他沒做錯任何事，也構不成任何威脅。你瞧瞧，他在一場意外中失去了一隻手，不可能構成威脅！所以里格勒和那名僕人殺了第二個他們遇見的人。僕人被逮捕，怪罪里格勒，然後被處死。里格勒可能也被逮捕，肯定會怪罪僕人，卻得以脫身。

但善有善報，惡有惡報，不是不報，只是時候未到。兩年後，里格勒喝醉酒，從樓梯上跌下來，摔死了。

‡

最後還有一招，只能被最英勇的人、在最危急的時刻拿出來用，就像賽爾保拿著蠟燭和寶劍擊退維京人之後的隔天早晨。因為天剛亮，殘餘的維京人就跑了回來，賽爾保帶領眾人衝向他們。編年史這麼寫道：「賽爾保本人在這場戰鬥中奮力禦敵，他前一晚飲下的大量酒精造成了極大阻礙，令他嘔吐不止，因而獲得巨大的力量。」[6]他返家後被光榮和戰利品包圍。

把剛才介紹的例子都刪去吧，這才是在酒吧鬥毆中勝出的方法。

---

6 Fragmentary Annals, FA 277.

如何從旅店逃跑

在十二世紀的熱那亞（Genoa），居於領導地位的家族，會在自家旁邊建造起優美的高塔。這樣的高塔能顯示出城市的權力和財富，它們在利潤豐厚的跨地中海貿易中稱霸。

接著，這些家族在高塔上架設了投石器，為了能夠投擲巨石摧毀其他高塔。

這是長達數百年、不同家族間相互結盟的戰爭結局，還包括一場在市議會會議中發生的謀殺案。在中世紀，人們記恨記很久，世仇壁壘分明。

現在我們回到酒吧鬥毆的話題。

◈誰要逃離城市

沒錯，別人會發現你在酒吧鬥毆的事，而且這對你不會有好處。無論輸贏（有我教你的招數，怎麼還會輸），你都得逃出城市。

在中世紀歐洲後期，「流言蜚語」有個正式的拉丁文名稱「fama」，所以你可以知道事情的嚴重性非同小可。「fama」指的可不只是法庭上可能的證據，或在文法學校一段糟糕的時光，這個名稱可以是法官和陪審團。

「fama」的核心是擁有「好」或「壞」名聲。也就是說，鬥毆的法律後果取決於哪個人過去建立起來的名聲比較好。對你這個外地人而言，先天上就處於劣勢。

法國有一本法律教科書，提供了一個符合你目前狀況的案例。假設有一名受害者住在一間旅店裡，而財物不翼而飛。如果旅店老闆名聲很差，幾乎可以認定是他偷了房客的東西，但如果旅店老闆名聲很好……或許在一開始就不構成犯罪。

這個案例只是假設，在現實生活中可能沒那麼誇張。但你能確定運氣站在你這一邊嗎？

◈為什麼要逃離城市？

沒有「酒館」是喜歡暴力的。事實上，如果你找了一間旅店住宿，它的常客都是強盜土匪，那沒有發生酒吧鬥毆反而更加啟人疑竇。（另一方面，如果你身處於這樣的旅館，可能會和其中一名盜匪打起來。最好不要在這裡逗留。）

不過，法庭案例顯示，大部分的中世紀歐洲人（大部分！），即使在最容易發生暴力的環境中也反對暴力。熱那亞人只不過是「有時」會向其他高塔丟丟石頭。在法律和實際面都可以看到極力避免暴力的作法，某些地方的鄰居和旁觀者，要是沒有挺身而出勸架或追趕壞人，他們自己可能會遭到指控而淪為罪人。

另一點你該知道的是，人們為了預防暴力發生，有時甚至不惜冒著丟掉小命的危險。在一五六五年的美因河畔法蘭克福（Frankfurt am Main），中產階級的漢斯．赫克佩歐爾（Hans Heckpecher）騎著驢子正要穿過一道進城的窄門，此時一名富有的城市居民菲利浦．魏斯．林伯格（Philipp Weiss von Limburg）剛好要出城。他看到赫克佩歐爾後，突然變得一點也不趕時間，把對方從驢子背上拽下來，並揮舞著刀子。

資料來源沒有明確解釋城市衛兵是否冷眼旁觀，或湊過來看熱鬧。重點是他們並沒有干預，但路過那條街上的法蘭克福人干預了。其中一人拿著刀子擋在赫克佩歇爾和魏斯中間，吼著要他們冷靜下來。你可以想像場面有多混亂。

但不是只有他這麼做，其他旁觀者也跳進來，試圖拉住赫克佩歇爾和魏斯。事實上，當魏斯把赫克佩歇爾拉下驢子時，他除了一開始嚇到噴了幾句髒話之外，甚至試圖手無寸鐵地走向魏斯，（大概）想要和平解決紛爭。這個事件即使有衛兵在場，一般市民也發揮了重要作用，最後沒有任何一方死亡。魏斯雖試圖刺傷其中一人，他們也還是繼續阻擋。

所以就算旁觀者「預期」會有一場酒吧鬥毆，他們可能並不「希望」它發生。突然之間，這間旅店和這座城市看起來沒那麼好客了。

◈ 什麼時候逃離城市？

別傻了，就是現在！

◈ 怎麼逃離城市？

如果在白天會比較容易（但不太可能）。首先，你必須趕在流言四起前，有關犯罪和罪犯的消息傳播速度跟馬一樣快。實際上，中世紀城市是有「速限」的，包括「不能差點踩踏到幼兒」，並由市民間相互監督執行。因此，在大多數情況下，流言（fama）以人類腳程或清晰的喊叫聲的速度傳播。別打算躲起來避風頭，你要考慮到，至少中世紀的巴黎人是出名地擅長事後追捕罪犯。

為了不引起大眾懷疑，你必須混入人群，或以對的方式鶴立雞群。第一個選項只需要穿得像個當地人就行了；風險較高的選項是身穿另一個城市流行的高檔服裝，但要選對城市。到了一五〇〇年，不少城鎮達成協議，讓一方的商人在另一方也能受到家鄉法律的保護（只要別牽扯到謀殺或縱火，至於你的情況嘛……）

由於你所在的緯度地區已經日落，因此問題變多了。

首先是如何前進你的目的地。就算你很神奇地知道這座城市的每一條大街小巷，但一定會遇到看不清楚正確方向的時候。狹窄巷弄兩旁一整排的多層樓建築物可能會遮蓋月光；不斷受到敵人滲透或攻擊的城市，像是伊比利半島內陸，時不時就立法規定只有城市守望者能在夜晚拿著火炬。

對你來說，最簡單的解決方法就是假扮成城鎮衛兵。因為衛兵的職務常常暫時輪調，看到新面孔也不意外，那麼這個方案應該相當有可行性。

可惜的是，城市的民兵領袖也有想到這個漏洞。沒開玩笑，他們發展出一套輪流使用的暗號，讓衛兵在街上巡邏時或有人要離開城門時，可以確認身分。

如果以上招數都行不通，你最後的選項是使出焦土策略，放火引開大家的注意。對中世紀城市而言，幾乎沒有比火災更危險的事了，這是吸引注意力和牽連路人的最快方法。

但千萬別考慮這項策略。以縱火為武器來攻擊城市，會讓你馬上成為縱火罪和叛國罪的犯人，更別說是因居民死亡而導致的謀殺罪。這代表你一下手就要面臨兩項死罪，而法令針對各種死罪往往有特定的處決方式。最重要的是，你是英雄，英雄只會被「指控」犯下縱火罪和謀殺罪，但不會真的去犯。

不過如果所有招數都行不通，你還是可以闖入義大利家族的高塔，裝填投石器並展開攻擊。如果從高塔上投擲巨石砸毀對手的宮殿還不足以引開注意，讓你成功逃脫並重新上路，那麼也不可能有別的方法了。

踏上旅程

中世紀的城鄉與工藝

1

在（真正的）路上

當酒吧女侍的母親正在憤怒地追趕你，最後還加上一支邪惡大軍，這時你會希望自己不是身在一三八〇年代的切特西（Chertsey）修道院附近。如果一名旅人在前往倫敦的路上，需要找個地方停留一夜，沒問題，修士會很樂意接待他，但他們好客的背後暗藏著警告。舉例來說，修道院外有一條該修建的道路還沒有修。在他們另一條已經修好的道路上，有一部分在河邊，當河水氾濫時，就會淹上來把路變成湖。還有一個路段，修道院在中間挖了一口井；而另一個路段，他們同樣在中間挖一口井，旅人過來都不會看見。果然，在一三八六年，就有一名旅人掉進去淹死了。

然後修道院院長把死者的財物都收歸修道院所有。

不過別擔心，不是每個隱藏的陷阱都懷有惡意。你在旅途中會經過低地國（Low

Countries）？路上看起來薄薄的一層雪，可能蓋住一條深水溝，深到足以活埋一個人和他的馬。至少在這個情況下，附近的修道院比較沒興趣偷走旅人的錢財，反而希望能讓院長有機會聲稱自己創造奇蹟，救活了旅人，營造出聖人形象，這樣的名聲能帶來的金錢比旅人身上攜帶的，多太多了！

（別擔心，院長也救活了馬。）

但你不會希望你的隊伍遇上的第一場戲劇性救援或悲劇性意外是發生在水溝。所以你要知道，切特西修道院不去修建和維護道路頂多只是被告，因為中世紀的道路通常不是那麼理所當然地存在。

由於你的旅行經驗僅限於在你的村莊和集鎮或聖殿之間往返，你可能會以為中世紀的道路有三種：髒的、泥濘的和致命的。但隨著中世紀人口成長和貿易再成長，改善常用道路的品質變得越來越重要、也越來越有利可圖。

堆疊小土堆作為路基，有助於避免池塘問題。如果你有幸成為西元八〇〇年左右的查理曼大帝，可以命令部下走在你的前面，先把路鋪平並修剪會打到臉的樹枝（你不會幸運到變成查理曼大帝）。

如果車輪（非常）偶爾地造成了會讓腳踝斷裂的凹痕，當地的地主可能會在上面鋪木板條。或是可以像馬博羅（Marlborough）的工程師一樣，每次路基變得太破爛，他們就會拓寬，最後寬到將近一公里，泥土的使用量很可觀。

至於泥土的問題，只要洗衣服就好了。

當道路開始變得平坦時，你就知道距離城市不遠了。西歐人在中世紀中期已經會用壓實的礫石鋪路，而且不僅僅使用於城市。如果你真的很幸運，一進入城市就會有鵝卵石鋪成的路。在一三〇一年的倫敦，人們不用再艱難地穿越泥地，路人會大罵湯瑪斯．徹區（Thomas atte Chirch，音同「教堂」）騎馬騎得太快。

專家建議：別惹古代的路怒症患者。行人會喪命，湯瑪斯最終會有一個去教堂的好理由。

與此同時，近東的阿拉伯化文化對歐洲人的「路面」和「車輪」嗤之以鼻，他們在柏柏爾人如何往來馬利進行黃金和象牙貿易中獲得靈感，從處理拉車牛隻的糞便，改為處理載貨駱駝的糞便（阿拉伯和歐洲的資料，很奇怪地都對便便的比較研究隻字不提）。

基本上，中世紀世界各地的人們都很擅長改建道路，以達到居住和旅行的需求，並接著調整居住狀況以符合道路條件。為了減少道路維修的麻煩，農夫偏好住在主要村莊，而非與世隔絕的農舍。北斯堪地那維亞的薩米人訓練馴鹿拉雪橇，柏柏爾人騎駱駝，紐倫堡人鋪鵝卵石，而有些人只希望你掉到井裡。你會想要有道路（或者應該說是通往橋樑和隘口的），而道路也會出現。

當然，你得付錢，沒有城市、領主或國王會為了讓你的旅行更舒適而花錢。城市的做法很簡單，讓該繳稅的居民繳稅（可能佔了一半左右的人口），並讓外來訪客繳更多稅。另一方面，領主補償道路預算的方式則是興建收費城堡，通常就是一座塔，確保所有通過岔路或橋樑的旅人都繳了錢。

這個機制有用嗎？看看阿爾卑斯山（Alps）的例子。

怕你有所不知，我還是說明一下。西方基督教世界的中心是羅馬，將羅馬與基督教世界其他地區分開的是阿爾卑斯山。由於從羅馬到各地需要快速的傳令服務，加上往來義大利都會區的商務交通繁重，所以沒有其他辦法，你不可能繞道而行。

而且這可是阿爾卑斯山。在一四八〇年，勇猛的德國教士菲利克斯・法布里（Felix Fabri）形容某一段「維護良好的」山路狹窄到只能單向行走，深及膝蓋的泥地被雪覆蓋，一邊是凹凸不平的岩石峭壁、另一邊則是斷崖。（說實在的，這個場景很適合你的第一場戲劇性救援或悲劇性意外。）

不過，法布里在一四八三年第二次來到阿爾卑斯山時，有了最令人愉快的驚喜。

嗯，其實一開始的驚喜不怎麼令人愉快，他在新的收費城堡被削了一大筆。但在這之後的道路相當寬闊，他和推車及馬車可一起並行，而且泥巴只到腳踝，偶爾還會看到像護欄的東西！

奧地利的西吉斯蒙德公爵（Duke Sigismund of Austria）和這條路的管理員提洛爾（Tirol）計算過，只要讓交通量增加便能獲利，而這位公爵也很清楚該怎麼做，他有錢到可以用火藥炸掉半座山的岩壁。難怪法布里看到收費城堡會大吃一驚，因為他大概以為公爵用了這麼多的炸藥後，應該沒有什麼好補償的了。

如何旅行

談到二十二公里的路，以及從你的村莊到最近鄉鎮的「路」，你絕對是專家。至於中世紀世界其他地方，你應該向真正的旅行專家請教請教。

◈ **教宗的信差如何旅行**

✔ 優點：馬匹有人提供、移動快速、路線嫻熟、有薪水可以領。

✔ 缺點：跨越冬天的阿爾卑斯山。

再來看看別的情況。

朝聖者如何旅行

從穆斯林朝覲到基督徒造訪當地聖殿，朝聖可說是中世紀最典型的旅行理由。在中世紀早期，長途跋涉的朝聖者會成群結隊並撰寫旅行日記。到了一五〇〇年，朝聖者依然成群結隊並撰寫旅行日記，但他們有了旅遊指南、旅館折扣、法律保護、賜福之劍和紀念品。對朝聖者而言，要是沒有心存祈禱與奉獻，沒有將身體的移動轉化為精神的昇華，那麼以上事物都毫無用處。對你而言，它們則是你最好的偽裝。

要怎麼混進去

朝聖幾乎能以任何旅行的形式進行。理想的基督徒朝聖者會獨自旅行，專注於祈禱和冥想；謹慎的朝聖者會成群結隊，避免遭遇歹徒攻擊；模範的朝聖者會徒步走完全程；務實的朝聖者會穿著他們在旅途中能付得起錢修補的鞋子；幸運的朝聖者則有馬可以騎。大部分的朝聖路途很短，出城之後通常只要花上一天或更少時間就能抵達。但真正有雄心壯志的基督徒可能會從波蘭（Poland）走到羅馬，猶太教徒可能會從亞拉岡步行至耶路撒冷（Jerusalem），而穆斯林甚至可能穿越撒哈拉沙漠（Sahara）。所以，如果有人連續幾天在路上看見同一名朝聖者，完全不會引起懷疑。

武器也是朝聖者的必需品。到了十二世紀，教士會為旅人的寶劍賜福，把他們的朝聖之旅當成是獻身於十字軍運動（教會經常把十字軍運動當成是武力朝聖之旅）。一位佚名的法國朝聖者在一四二〇年左右經過雅法（Jaffa）時，抱怨他因為攜帶了寶劍而不得不額外支付一筆費用，另一位則對外國基督徒和猶太教徒被允許攜帶武器而讚嘆連連。

要怎麼脫穎而出

到了中世紀晚期，對於朝聖者旅途攜帶物品的建議，發展出一種制服：耐穿的鞋子當然不可少，還有厚重斗篷、錢包、手杖，以及最重要的寬邊帽。這種帽子具有實用性，同時也能展示在之前的旅程中得到的小徽章，這些徽章不單單是紀念品，也是聖人或聖地有形的加持，以及與神靈之間的物質連結。看到朝聖者，不會覺得他是普通人，只會覺得是個標準的朝聖者；如果有人仔細觀察朝聖者，可能只是想知道自己的徽章是否勝過對方。

如果一名朝聖者因為他擁有的徽章而鶴立雞群，這一點可以幫助他解決旅行最大的問題——資金。

不是每個人都能像班堡的岡瑟主教（Bishop Gunther of Bamberg）一樣，他穿的服飾太過於高檔華麗，以至於一〇六四年在君士坦丁堡（Constantinople）時被誤認為是國王假扮的。也不是每個人都能像前往耶路撒冷的朝聖者一樣，在威尼斯為他們橫跨地中海的旅程租羽毛床。（船難和海盜？放馬過來。不舒服的夜晚？沒有的事！）一般的朝聖者相較於商務旅客還是佔有較大優勢。

在中世紀早期，甚至連當地朝聖者都能利用法律來要求聖殿提供過夜住宿。當然，作為交換，朝聖者會捐獻給負責接待的修道院或禮拜堂，但這麼做也帶來得到奇蹟治癒或早日滌罪的希望，你不必等到死後才能獲得朝聖帶來的精神益處。

中世紀晚期的基督徒認為，歷經朝聖之旅的危險和艱難是懺悔罪惡的好方法，也帶來顯現神蹟的希望，同時滿足基督徒的情感渴望，親近上帝的聖人們在世間留下的遺跡。他們期待聖殿會不斷湧現，幫助他們在這輩子和下輩子度過難關。

朝聖者越多，對城鎮來說越有好處，因為這代表能賺到更多的錢。聖殿越多，對這些掏錢的朝聖者來說也越有好處，因為這代表互相競爭要賺他們錢的地方變多。有見識的懺悔者可以安排行程，經過那些能為朝聖者提供所謂旅館折扣和免費停車場的城鎮。路過女修道院管理的橋樑要收費？通過城門要繳稅？很簡單，請修道士和官員幫你免除。在城市裡，旅店會爭相降低房錢和酒錢。

和酒吧女侍打情罵俏不包含在內，別想了。

旅途似乎順利得令人難以置信

通常是如此。雖有法律保障朝聖者的權益，像是住宿保證，但其實並不代表每一個聖殿都會配合遵守。即使是在羅馬這樣被嚴格審視的城市裡，最富有的朝聖者在一三〇〇年的禧年（jubilee year）期間，還是得克難地搭帳篷露營。朝聖產業的成長必然伴隨著詐騙朝聖者的行業興起，更別說是充斥於免費或降價旅店的積極扒手。對長途朝聖者而言，還有阿爾卑斯山這一關要過。

但最糟的是，每一名朝聖者心中都有害怕失敗的恐懼。在前往孔克（Conques）的路上，母親胸前抱著死產的嬰兒，已經開始向孔克的庇護者聖斐德斯（St. Foy）祈禱，祈求讓她們的孩子能起死回生直到受洗。不過，有時聖人會視而不見。在一二七二年，形影不離的妮可和康德絲費盡千辛萬苦，從巴黎的貧民窟來到聖丹尼（St.-Denis）的聖路易（St. Louis）聖殿，迫切希望能治好妮可突然癱瘓的身體和說話能力；她們待了九天，這期間不斷祈禱，但路易和祂的聖殿毫無回應。

很多教士會教朝聖者在旅程中該如何行動。但在那之後，誰來教朝聖者如何回家？

但現實是殘酷的

原本就一貧如洗的妮可和康德絲，為了祈求妮可的康復，康德絲放棄了九天的薪水。中世紀的人們相信朝聖和聖地的力量。

大部分的時間是如此。

如果「朝聖者」對你而言是很好的偽裝，那不會只有你這麼想，中世紀的人們都相信這一點。克萊沃的貝爾納（Bernard of Clairvaux，一〇九〇－一一五三）是個能夠創造奇蹟的聖人，他抱怨朝聖者對任何外地景點都興致勃勃，但就是不去聖殿。到了十五世紀，被指定要藉由朝聖來懺悔罪過的歐洲貴族，養成了付錢叫別人代替他們去的習慣。德國修女胡格貝爾克（Hugeberc）記錄了艾希斯特的維利巴爾德主教（Bishop Willibald of

Eichstätt）在七二〇年左右前往耶路撒冷，成為被指控進行間諜活動的眾多朝聖者之一。

不久之後，一名叫阿達爾貝托斯（Adalbertus）的小偷假扮成朝聖者，事先勘查一座修道院教堂，打算大幹一場。在這之前，他用假身分獲得了免費的住宿、食物和宗教服務。

這就要提到旅行的最後一個選項——

強盜如何旅行

那是作弊。

如何保持整潔

不管你是哪種性別、膚色，是不是精靈，你和旅伴一定都有兩個共通點：一、你們在路上都會蓬頭垢面、汗流浹背；二、你們都有鼻子。

一六三八年，英國哲學家法蘭西斯・培根（Francis Bacon）在一本巧妙名為《生死史》（*The History of Life and Death*）的著作中提出了一種調和這兩個特徵的方法。他建議讀者，用嬰兒的血沐浴比喝年輕人手臂上的血更有益健康。但他補充說明，一般人（「應該」除了國王以外）往往反對這個做法。所以親愛的讀者，你可能只會單純地把冰涼的東西放在胸口上。

培根的建議不代表他反對純粹用水洗澡。只不過一洗完，應該要馬上用加了藥草的液體油搓揉身體。

或許你不應該去聽一個叫培根的男人宣傳動物脂肪有多少健康益處，還好這不是一六三八年！中世紀的人們對清潔和健康的關係十分感興趣。如果你得搭三個月的槳帆船，跟一百五十個整天划槳的男子待在一起，就會有同感，並且想要知道怎麼保持乾淨越快越好。

◈難題的範圍

「大冰雹、被汙染的雨和雪，穿過被汙染的空氣傾盆而下，降到地面臭氣熏天。」聽起來像是燃煤城市倫敦？不，這是但丁（Dante）描述的第三層地獄。

真糟糕。

至於第四層地獄的入口？「在那裡，由於廣闊的深淵發出惡臭，我們躲在一塊大墓碑後方。」《地獄》（*Inferno*）的敘事者後來從第八層一路抵達最底部的第九層，中間沒有停歇（除了搞錯罪人的身分），過程中不管看到多可怕的景象都承受得住，卻試圖要躲避惡臭。

但地獄在味道方面可不能輸。在一〇八七年，一群小偷想要把聖尼古拉（St. Nicholas）

的遺體，從米拉（Myra）運到他們在義大利半島的家鄉巴里（Bari），可能是為了讓家鄉享有名望。不過，他們應該要記得，一具散發香味的屍體是神聖的證明。這位聖人的屍體一被移出墳墓就芬芳四溢，米拉的居民將其比擬為天堂的香氣。故事傳開後不斷演變，到了十四世紀，這股香氣已經強烈到可以飄至港口的船舶。

對巴里幫來說，很不幸的是，米拉的居民也發現了香味是來自被移出墳墓的珍貴聖人遺體，而且是巴里的小偷們幹的好事，真糟糕！聖尼古拉的例子證明了，清潔並非僅次於聖潔，而是聖潔的武器。

不過，沒有肥皂可用不僅僅是讓人感到噁心而已。中世紀醫學沒有關於細菌的理論，認為疾病會透過不好的空氣傳播。所以，當你完成任務，贏得了一座城堡（可能再加上一名公主），最好學學康士坦斯的奧托三世．哈亨堡主教（Bishop Otto III von Hachenburg），雖然他沒有贏得公主，但可學習在你的城堡中，至少要有一座擁有獨立出來的廁所塔。

還有看在上帝的份上，保持自身潔淨。

◈ 你的髒衣服

非常好！你穿了對的服飾對抗邪惡。但你打算連續兩三天都穿著同一套衣服嗎？這要看你的村莊（過去）有多貧窮，你可能別無選擇。根據免稅資料顯示，在一三三八年，半數倫敦人都擁有兩套衣服（或至少這麼申報是合理的）。較富裕的城市中居民也不安全，衣服是竊賊闖空門的熱門目標，因為人們經常將衣物當作保險箱，把錢縫進去。

所以沒錯，你需要花一點時間洗衣服。在大多數情況下，洗衣服的基本方法不會隨著時代而有所改變，你只需要流動的水等等。對你來說，最大的問題是要找時間洗衣服。你的村莊可能有乾淨的小溪、充沛的水井，或者附近區域有意想不到的先進灌溉系統，但在較大的城鎮和城市會面臨到其他問題。

在一四一〇年代，有一間小小的女修道院位於德國城鎮羅伊特（Reute）的上游，裡面住了一位非常特別的活聖人。伊莉莎白．艾克勒身上奇蹟般的聖痕（stigmata），每天都會流大量的血，所以修女們就要把她的衣服和床單帶去溪裡清洗。這些不斷流血的傷口或許可以取悅上帝，但對羅伊特的居民而言就不是這麼令人開心了，他們同樣在溪裡清洗的衣服就會沾上血漬，永遠洗不掉。

如果你還是擔心洗衣服的事，可以邀請艾克勒加入你的行列。她為這座城鎮解決問題的方式，就是指出一個在修道院庭院裡的地點，讓他們挖一口井。這是你處理家務所需要的技能。

那些不斷幫她洗衣服的修女們或許也能幫上你的忙。

每天洗個不停。

◈ 你的牙齒

你可能還有牙齒。

爛牙和掉牙的狀況在中世紀可能比你想得還要少見。（先別管中世紀晚期的「蜂蜜蛋糕烘焙師傅」在巴伐利亞〔Bavarian〕城市是一種公認的職業，也別管某些醫學文章建議人們用紅酒來清潔牙齒。）然而，痛起來要人命的牙痛和膿腫一直都存在，這代表中世紀的牙醫總是有生意可做，而且他們多多少少擁有你預期的那一項能力。

但你還是想保有牙齒，而且你並非無計可施，中世紀醫學已經對牙膏有基本概念。在十二世紀，一名義大利醫師建議人們用核桃殼摩擦牙齒，一天做三次，並補充說這樣還能讓牙齒潔白，而不只是乾淨。

這個概念在十五世紀有了另一個更加急迫的目的，葡萄牙醫師加百利・馮賽卡

（Gabriele Fonseca）建議人們用粗糙布料刮擦牙齒，接著塗上好聞的香料，避免進到嘴裡的壞空氣導致疾病。更重要的結果是能避免口臭。

可惜你買不起香料。

可惜你的旅伴也買不起。

◇你就是髒

對中世紀基督徒而言，不洗澡是聖人的專利。體味代表的是超脫身體慾望（像是不散發臭味），專注於天上的福樂。不過，你並非聖人。不得不說，你的旅伴應該會為此感到慶幸。

由於中世紀歐洲大部分的基督徒都不是聖人，因此中世紀晚期再度復興了公共浴場的古老羅馬傳統。伊斯蘭世界的狀況則不太一樣，保持身體潔淨已經融合在伊斯蘭教的訓誡中，許多穆斯林認為建立新浴場或維護原有浴場是一種慈善捐獻。

浴場在多大程度上符合宗教機構的資格，需要打一個問號。在伊比利半島，基督徒擁有依照伊斯蘭規範經營的浴場，拉比神學作家因此不斷譴責猶太人和基督徒及穆斯林共用澡堂。喜劇詩嘲諷人們從浴場出來後比進去前更髒，暗喻人們在裡面聊八卦，也因為沾染上其他人身上的汗水和汙垢。阿拉伯旅遊作家在遙遠的城市觀察到或捏造了具有異國情調的奇特浴場，作為娛樂而絕非為了宣傳。在巴格達，有人聲稱在一間摩洛哥（Moroc）浴場可以拿到三條浴巾（真浪費），但不會有圍在腰間的（真崇尚裸體）。

慢著！那清潔呢？洗澡是為了保持乾淨，並在象徵上和實際上去除汙垢惡臭，雖然對大部分的人而言，可能實際上的作用比較重要。十二世紀的女修道院院長兼先知賓根的賀德嘉誇張地表示，天然溫泉由地底下的滌罪之火加熱，可以清洗沐浴者的靈魂和身體。

可能除了那些男女混浴、「房間沒有分開」的浴場。

在這個情況下……只能說十六世紀梅毒蔓延，讓西歐各國政府面臨越來越多關閉浴場的壓力。

◈最重要的事

我們已經觀察到阿拉伯（和其他）旅遊作家誇大或捏造了家鄉和目的地之間的不同。

不過，就算你懷疑文章的準確性，也不能否認一個事實，那就是這些作家從一開始就必須要能構思出異國情境。以九世紀的商人阿布·扎伊德·席拉菲（Abu Zayd al-Sirafi）為例（他是真實人物，儘管他撰寫的內容有很多是從更早的作者那裡借用的），談到波斯和中國之間的差異時，他寫道：「中國人很不衛生，他們排便後不會用水洗臀部，只用紙擦。」

廁所衛生紙。阿布·扎伊德說的是廁所衛生紙。

所以就是這麼一回事。你必須洗你的衣物，可能得放棄在大部分的時間裡保持口氣清新，並且最好一有機會就去浴場。但最重要的決定是要用水還是紙。

因為到頭來，如果你不把屁股也清乾淨，其他旅伴怎麼保持乾淨就不重要了。

當（不是「如果」）強盜攻擊你們一行人

在一四九三年的酷暑，葛洛瓦提（Glowaty）兄弟心懷怨恨。他們為了證明有多不爽，就把全鎮的居民當成人質。中世紀的強盜不是鬧著玩的。

但強盜們會很想跟你鬧著玩，富裕的斯洛伐克城鎮巴爾代約夫（Bardejov）對此也很有一套。新的強盜總是在城鎮、村莊、道路和城堡等地四處徘徊。波蘭和匈牙利（Hungarian）的邊界呈現無政府狀態，城鎮只能自求多福。在這個情況下，的確熟能生巧，因為在一四九三年的夏天，巴爾代約夫逮到了四名葛洛瓦提幫的成員，並將他們就地正法；其中一人被砍頭，另外三人則被吊死。

費多爾．葛洛瓦提（Fedor Glowaty）並不開心，特別是因為其中一名被處刑的人是他的兄弟。所以這群強盜把巴爾代約夫當成人質，威脅道：「送四百枚金幣過來，不然我們就燒了這座城，殺死所有居民。你們和其他六座城鎮都是。把錢放在這兩間修道院之一，然後就可以滾了。」

巴爾代約夫並沒有把四百枚弗羅林（Florin）放在莫吉拉（Mogila）、萊克納（Leichna）或其他任何修道院；事實上，這座城鎮的領袖讓其他人承擔了所有的代價。惱怒的當地貴族雇用了民兵團，將葛洛瓦提幫驅逐到波蘭。在那裡，更加惱怒的科希策（Kosice）貴族不得不雇用整隊僱傭兵組織來消滅這群傳奇的盜匪。

中世紀的盜賊不是每次都這麼戲劇化，也絕對不浪漫，對身為受害者的你，以及森林裡的「俠盜」來說都是如此。人們會因為偷竊紗線、衣物甚至鹹魚（中世紀歐洲的高蛋白棒）而被逮捕，這些東西對小偷而言並非微不足道，他們仍會冒著被吊死的風險偷竊，即使是價格極為低廉的紗線，或為了在漫長的冬天有食物可吃，不過這些物品對受害者而言也絕非微不足道。因此偷盜很容易演變為兇殺，在隱喻上和字面上都一無所有的人總是有這種風險。

在你穿越廣大的區域時，遭到遊蕩的盜賊攻擊並非司空見慣，但就算發生了，你也不應該感到意外（你是英雄，這種事一定會發生）。在近東，橫跨西奈沙漠（Sinai Desert）的通道，基本上是對前往耶路撒冷的富有朝聖者下手的好地點。在歐洲各地，休戰之後被強制退伍的士兵，或多或少會被當成是未來的土匪；一四三四年，勃艮第有六名農夫甚至利用「可是他們可能是土匪」為藉口，殺害兩名退伍軍人並搶走其財物，而且這個動機被所有人視為再正當不過。猶太教拉比則爭論購買你被偷走的物品是否合乎倫理；在一四七四年的波蘭，一名教士非常震驚地發現，他新買的讚美詩集和聖餐杯是另一個教堂被偷走的贓物。

不過，有時盜賊就是那麼戲劇化，即使葛洛瓦提幫沒有參與其中。舉例而言，那幾百名應該要逮到匪幫的雇傭兵，在花掉一筆特定的支出之後，需要以某種方式獲得更多的錢。又或者「十四世紀早期的英格蘭就是那樣」。別管那兩間修道院是否跟歹徒合作勒索巴爾代約夫，在十四世紀早期的英格蘭，教士兼牛津大學臨時教授（真的）羅伯特・貝爾納（Robert Bernard）盜用教區的錢，然後事發被開除，他為了報復，跟知名的不法集團勾結在一起。在一三二八年，其中幾個強盜侵入貝爾納之前待的教堂，毆打餘下的教區牧師，並搶走近期的捐款。同時，貝爾納本人已經在第二個教區辛勤工作，一邊擔任教士、一邊竊取捐款。

十四世紀早期英格蘭的搶劫竊盜事件，還有柴郡（Cheshire）巴丁頓（Baddington）和布魯姆霍爾（Broomhall）的威廉・切圖爾頓爵士（Sir William Chetulton，沒錯！爵士），他於一三二〇年被指控在阿克頓（Acton）附近犯下搶劫和襲擊。為了彌補過錯，他在一三二一年至一三二五年為國王愛德華二世（King Edward II）服役，平定叛亂。在這段期間，切圖爾頓藉由掠奪土地，為自己和國王帶來了可觀的利潤。到了一三二七年春天，他在退役之前的任何罪狀都獲得了皇家赦免，並立即被指控犯下六起謀殺罪。在那之後，他……紀錄上並沒有清楚說明他到底做了什麼，但他沒有被抓住，因此被宣判為不法之徒。在一三三二年春天，他還是自首了，可能是為了想撤銷非法的身分，這樣所有罪行就能在夏天獲得赦免。此時，他被指派去追捕其他搶劫犯，他用了整整兩個月的時間進行這項任務，然後又被指控犯下搶劫和強姦罪。別忘了，這個人可是威廉．切圖爾頓「爵士」。

又或許你會比較喜歡羅伯特．英格拉姆爵士（Sir Robert Ingram）的故事，他加入了一個犯罪集團，成員包含搶劫犯、偽造犯和實實在在的謀殺犯，但英格拉姆還是在國會代表他的城市和地區，因為他是諾丁漢（Nottingham）市長兼諾丁漢郡警長。

值得慶幸的是，你不必時時刻刻擔心會有貴族為了好玩而搶劫，或公路上出現什麼事都做得出來的土匪。遺憾的是，你每踏出新的一步都要注意是不是走進了戰場。

「搶劫和破壞土地」是中世紀很普遍的戰術，這是相當殘忍又狡猾的招數：首先摧毀敵人的領土，藉此讓士兵挨餓，士兵不得已只好去偷敵方農夫的食物（這樣他們國家的君主就不用花錢）。這也是中世紀歐洲較大的王國（你認知中的法國、英格蘭和德國）征服土地和鞏固權力的標準作法，在沒有海關和邊境管制的情況下，領主建立起小型城堡的網絡，固定派出突擊隊，除了讓受害者乖乖聽話之外，也讓其他領主不敢進犯。

千萬別以為城鎮就是無辜的。巴爾代約夫的鎮議會收到許多來自鄰近城鎮的要求，要它把偷走的馬匹還回來。在一四五六年，巴爾代約夫「逮捕」了兩名貴族和兩名居民，為自己勒索了一筆可觀的贖金。在一四七九年，匈牙利國王親自要求巴爾代約夫為其民兵的罪行付出代價。

結果證明，巴爾代約夫實在太有一套了。

總結：為了躲避強盜，你必須避開道路、森林、沙漠、諸郡、城市和王國。還好你有盔甲。

如何穿越被詛咒的沼澤

說到這件事，優點是很明顯的。你不太需要任何特別的指導，就知道如何穿越被詛咒的沼澤。你已經具備了基本裝備：及膝且沒有破洞的長靴、寬邊朝聖者帽、一名驅魔師。你只需要知道會遇到什麼麻煩。

缺點也是你不需要為了穿越被詛咒的沼澤而去研究它。沒錯，這是個缺點。我的朋友，歡迎你來到中世紀晚期的廁所世界，堪比被詛咒的沼澤。

◈公共廁所

對，中世紀真的有公共廁所。有些甚至還有名字！

如果你在一四七〇年左右的英格蘭艾克斯特（Exeter），可以去逛逛「精靈屋」（Pixie House），比起把同樣設施叫做「長屋」（Longhouse）的倫敦人，前者嘲諷的能力更勝一籌。倫敦人的長屋擁有一百二十八個隔間（真的有隔間），整體建築蓋得相當好。在遍布整座城市的公廁當中，倫敦人還可以挑選自己最喜歡的一間。倫敦對廁所可說是情有獨鍾。

你可能會很震驚地發現，城市公廁的使用經驗，跟你在家裡院子上廁所差不了多少，都是坐在木頭或石頭長凳上，下面有一個洞，事後清潔需要自己想辦法。至於所謂的沖水系統，就是座椅和下方排水溝或糞坑之間的距離，好處是，女人可以把任何女性用品都丟下去！

人們使用公廁的理由百百種，甚至同輩的壓力也可以是其中之一。「在街上撒尿」變成一種個人恥辱，或是只有窮人才會做的事（……有錢人是這麼說的）。維護公廁需要更多的集體努力，到頭來最好的策略是，說服有錢人相信，捐錢來維護公廁是一件偉大的事業，可以讓他們放進遺囑裡。

◈私人廁所

私人廁所的優點，高如廁所塔，深如糞坑。不用忍受其他「顧客」，不用擔心冬天，不用擔心蘇格蘭（Scottish）的天氣，也不會在夜晚往返公廁時被搶劫。不過，私人廁所大概只有買得起院子、能蓋屋外廁所的人才會擁有，但對它們的主人（以及街上路過不會突然被潑一大桶尿的人）來說，家裡有廁所是一件很棒的事。在大部分的時間啦。

擁有或租用一個廁所，不可避免的就是要處理底下的糞坑，不可避免的就是那個味道，不可避免的事實就是糞坑解決不了清除廢棄物的問題；只是讓你可以延後處理。

典型的解決方案是仿效公廁的做法，雇用（或是在十五世紀的紐倫堡，你繳的稅能由城市雇用）專業的清掃人員。他們擁有高薪，足以彌補這份工作帶來的危險和社會汙名，而且更重要的是，他們確保會把事情做好。

我們能從這之中學到什麼？要破除廢棄物處理的詛咒，繳稅算是最簡單的方法。

如果你夠幸運，能把你的廁所建在小溪、甚至下水道上方，那麼廢棄物比較容易處理，有助於消除臭味。不過即使如此，你還是有鄰居，很有可能住在下游的某人傾倒了一堆垃圾，把整條管道都塞住，讓你的廁所變成驚人的噴泉。

但記住，惡鄰就是惡鄰，不是詛咒。

最後一點：和城市及個人捐款者一樣，你會願意花錢維護廁所，理查．拉奇耶爾

（Richard le Rakiere）可以告訴你為什麼。在一三二六年八月十日，他本來好端端地坐在他的馬桶上，但腐朽的木板承受不了他的重量，垮掉了！他噗通一聲掉進下水道裡。

好，現在我們有了一點進展，至於那個詛咒……

◈尿壺

理查．拉奇耶爾可能不會同意，但嚴格來說，在他的例子中，問題出在他太懶惰，而非真的有什麼詛咒。這時就該談談「沼澤」。

上公共廁所需要應對各種天氣、遇到許多不便和大眾帶來的麻煩，那還是蓋私人廁所好了，可是私人廁所價格不菲，那還是用尿壺好了。可是用了尿壺，得把尿壺裡的尿倒掉。既然是倒尿壺，就從窗戶倒吧。

如果你決定以朝聖者的身分旅行，一定要緊緊抓牢你的寬邊帽。

◈下水道

中世紀的工程師很擅長設計水利工程，也能客製化適合葉門（Yemen）、埃及、德國、西班牙氣候的灌溉系統？完工。在英格蘭南安普敦（Southampton），有一個從一四二〇年使用到一八〇〇年都還可以供水的管道系統？馬上來。對供水這麼有一套的中世紀人，會把心力用在廢棄物處理上也很合理。而事實上，他們也的確這麼做了！但在這方面嘛……只能說中世紀盡力了。

當時絕對有完善且合法的下水道技術，且被妥善利用。光是在英格蘭，有間約克的修道院就蓋了一條地下的石砌下水道，連接附近的河川。到了一三〇〇年，西敏宮（Westminster Palace）管理了多條地下下水道。但倫敦本身對它的公廁網絡很自豪嗎？其實不然。

另一方面，倫敦有理由排斥下水道。市政下水道不能當作公共下水道，它們不夠大或流得不夠快，無法處理大量人口的廢棄物。但人們還是把市政下水道變成公共下水道了，結果就是如你所想的，最終跟沼澤沒兩樣。

但還有別的方法，別讓「沼澤」成真！

到了中世紀晚期，城市開始沿著道路挖掘排水溝，而排水溝也把「天然」的「溪流」引至最幸運的廁所下方，交織於建築物之間，並排放至附近河川或湖泊。但這樣仍有缺點，沒遮蓋的水溝可能會讓汙水流經院子和建築物底下，所以城市在溝渠上方建造石拱頂，或者會有阻擋效果？不然就讓溝渠露天，還能安全地引導雨水、融雪、氾濫的河水，並至少解決一部分的尿壺問題？

中世紀，你真的盡力了，為你鼓鼓掌。至少沒有讓「沼澤」這個詞從隱喻變成現實，雖然很勉強，但還是有部分做到了。而「詛咒」一直都是個隱喻……這就是被詛咒的沼澤和它的來龍去脈。

廁所裡的鬼魂

巴斯迦修（Paschasius）是五世紀羅馬的一名執事，眾所周知他是個好人。不幸的是，他在四九八年支持了錯誤的教宗候選人，而且從未請求上帝寬恕他的立場。所以如果你去卡普亞（Capua）的浴場，至今可能還看得到他以幽靈的姿態遞毛巾給你，受困於他自身的煉獄之中。

如果你想避開卡普亞，到更南邊的陶里亞納（Tauriana），就不用擔心會有執事鬼魂突然出現在浴室或廁所中。這裡有好幾個服務員，他們好像一直都在此服務。某次你心血來潮，帶了一些珍貴的宗教聖物送給他們，作為額外獎勵，但其中一人拒絕了。他解釋道，只有活在上帝恩典中的人才能碰觸它們，而他既沒有上帝恩典，也非活人。

不過，有時連禱告也保護不了你。有一天，一名年輕的方濟會修士沉浸於上帝的力量，連去上廁所都持續祈禱和讚美。但當他坐下時，一個惡魔突然冒了出來，把他逼到牆角，說：「你不能在這裡祈禱，汙穢的地方歸我管轄。」

總歸一句：沼澤是隱喻，詛咒則是確有此事。

如何和魔法森林交朋友

或許湖中妖女（Lady of the Lake）施咒永遠困住梅林時，是坐在一棵樹下；又或許她在施咒時運用了這棵樹，永遠地困住了梅林；又或許她直接把梅林困在樹裡，直到永遠。不管亞瑟王傳說有多少種版本，都是一致認為，就算是世界上最出名的巫師，仍不應該踏入任何魔法森林。

這個傳說對你而言是個大問題。此時此刻，你正和一名蘇丹（sultan）在他心愛的度假別墅花園裡，散步在明媚的陽光下，你無意中走進了一片宜人的棗樹和棕櫚樹林中。

只不過這些樹都是金子、銀子或銅鑄造的，無花果則是珠寶雕琢的。棕櫚葉本身是真的，但水花和葉子一起從樹枝裡冒出來。棲息在樹上的鳥兒由金銀打造而成，在陽光的照射下閃閃發光。這些人造鳥張開人造鳥喙，吱吱喳喳又維妙維肖地唱著歌，然後再閉上嘴。其他閃亮的金屬鳥啄著同一塊璀璨的寶石果實，不斷重複相同的動作。

機器人！你身處於一座機器人森林裡。

中世紀升級了，你需要新的技能來和這座特別的魔法森林交朋友。

◈策略一：留下印象

你走得越深入，氣氛也變得越魔幻。在森林外圍，長頸鹿和大象在樹的後方、空地上窺視你，就算是獅子也不會冒險靠近你。在太陽的照射下，數百棵棕櫚樹的葉子閃爍著金光，多汁的棗子或熟透的柳橙任你摘取。但再走得更深入一些，你會看見樹木長了金銀枝條，葉子則隨著不存在的微風飄動。充斥在空氣中的鳥鳴聲，是來自棲息於枝條上的金銀鳥。

最後，你進入森林中心，最終的高潮好戲上場了。在你眼前，有個嫩芽從地上冒出來，長成一棵大樹，閃亮的金屬鳥在樹枝間蹦蹦跳跳。就連平靜的池水看起來也充滿魔力，散發出玫瑰和麝香的香氣。笑一個吧！你正站在……阿拔斯王朝哈里發穆克塔迪爾（Abbasid caliph al-Muqtadir）的王座室。

你（更確切地說，所有外來訪客）看見的動物都是真的，享用的水果也是。金鳥、銀樹、香水噴泉和飄動的葉子則是機械裝置。

不管在任何時候，都別忘了這是人類的巧奪天工賦予它們生命。每一個轉動的齒輪、每一次液壓與氣動的嘶嘶聲，在在都提醒了這位哈里發的競爭對手們，他是多麼家財萬貫又勢力龐大，掌握了這個世界的運作。

這個策略也很有用。前拜占庭海軍上將羅曼諾斯・萊卡彭諾斯（Romanos Lekapenos）分別在九一七、九一八年率領外交使團前往穆克塔迪爾的宮殿，他當然見識過這些休閒花園，而且不是見識過就算了，他還希望其他人也去看。在出訪期間，羅曼諾斯已經著手策畫在君士坦丁堡發動一場無聲政變，打算回去後展開（在君士坦丁堡的人都會發動政變）；回家後，他真的成功奪權了。不知怎麼地，他還是抽出時間寫下了有關穆克塔迪爾宮殿的一切。這片森林的確有魔力。

◈策略二：積極拓展

強大的拜占庭帝國不容超越。別說是王座室了，他們連王座都可以讓它動起來。

羅曼諾斯最終被廢位和流放，推翻他的皇帝，還是之前被他趕下王座的那位（君士坦丁堡之最）。但在他發動政變的九一九年到被推翻的九四四年之間，他找了工程師來重現並超越在穆克塔迪爾宮殿見識到的奇景。在羅曼諾斯「離開」後不久，君士坦丁堡接待了來自義大利的大使。在帝國王座室迎接大使的是銅做的樹木，樹枝上棲息著銅做的鳥兒，它（顯然）不是從土裡長出來的。在王座兩側有金和銅打造的獅子，它們每次發出吼叫聲都會張嘴，並用尾巴拍打地面。王座頂端則有唱歌的鳥作為裝飾，王座本身還會動。

外國訪客一開始幾乎是與皇帝平視，椅子有些微升高，傳達出適當的優越地位。不過，當大使恭敬地從下跪俯首的標準行禮姿勢起身時，皇帝就高高地坐在他頭頂之上的位置，好像飛起來一樣。

噢，還有為了確保訪客能夠印象深刻並自慚形穢，在大使準備離去時，獅子會站起來再趴下去，鳥兒也停止歌唱了，但突然間會有音樂響起，彷彿一整個管弦樂隊正在演奏。

再次強調，這可是中世紀的機器人。

◈策略三：廣為宣傳

中世紀的穆斯林統治者都在思考，為什麼要等大使上門才能讓他們留下深刻印象呢？於是穆斯林幾乎養成了一個習慣，將栩栩如生的木頭和金屬裝置當作禮物送給西歐君主。因為這些自動機械對西方來說，僅存在於詩人的白日夢中。在八〇七年，幾乎是在拉丁西方世界發展出類似科技的五百年前，阿拔斯王朝的一名哈里發送了一座水鐘給神聖羅馬皇帝，或者應該說是「水咕咕鐘」。每到整點，會有相應數量的銅球敲擊盆子，發出響亮的聲音，同時也會有同樣數量的騎馬小人安靜地冒出來再收回去。這完全是在炫耀。

時間快轉到一二三二年。那一年，一名阿尤布（Ayyubid）蘇丹送給神聖羅馬皇帝腓特烈二世（Frederick II）一個時鐘，它用的材料可不是水這種原始又老土的東西。這個鐘需要有自己的帳篷，當你考慮到這稱為「天象儀」，聽起來就不算奢侈了。它包含了整個宇宙，白天的時間由太陽模型的環形路徑顯示，夜晚的時間則由月亮以相同的軌跡標明。

腓特烈的回禮，則送了一隻白熊和一隻孔雀。

◈ 策略四：用心維護

這場外交上的交換禮物過了半個世紀後，西歐終於聰明到能足以做出自己的自動機械裝置。在一三〇二年，阿圖瓦和勃艮第的瑪蒂爾達女伯爵（Countess Matilda of Artois and Burgundy）繼承了一座豪華花園，花園完美融合了自然和機械奇觀。活鳥和機械鳥相依在一起；有一條小河緩緩流經庭院，會在多個噴泉停頓，為其提供動力；過河的橋上裝飾著會動的毛茸茸猴子。人們可以在充滿陽光的建築物裡一邊觀賞奇景、一邊用餐。不過，在瑪蒂爾達成為花園的主人時，它已經開始崩壞。

瑪蒂爾達展開了行動。同樣重要的是，她有錢可以支援修復計畫。短短兩年，猴子們的毛髮看起來又跟新的一樣；即將枯竭的噴泉，很快再次灑下水花。到了一三一四年，她為機械鳥新鍍上了一層厚厚的閃亮黃金。人工和自然聲響不絕於耳。

別誤會了，自動機械還是可以用來政治操控和作秀。但瑪蒂爾達花了越來越多的時間在這座花園上，沉浸於它帶來的驚奇，並改造成自己喜歡的樣子。

像是請工程師幫猴子加上角，讓它們看起來像惡魔。這種喜好實在是……

◈ 不適用的策略

就算你沒有留下深刻印象、無法積極拓展、不該廣為宣傳也不想用心維護，也不要做以下這件事。（我指的不是製造惡魔）

鄂圖曼帝國（The Ottoman Empire）在一四五三年終結了拜占庭帝國，並在一五二九年圍攻維也納（Vienna），然後就……沒有然後了。作為交換（勉強可以這麼說），神聖羅馬帝國（以下稱「德國人」）不得不繳交賄賂（以下稱「貢品」）給鄂圖曼帝國（以下稱「鄂圖曼人」）以維持現狀。每年德國人繳交的貢品有一部分是自動機械裝置，鄂圖曼人總是將它們解體並熔化為珍貴的金屬。

過了幾年之後，德國人開始派一名鐘錶匠隨著自動機械到君士坦丁堡，確保它們運作無虞。這些機械裝置抵達時仍維持完美的狀態，而鄂圖曼人也一如既往地將它們熔化。其他對手都很清楚鄂圖曼人會這樣做。鄂圖曼人認為人造的自動機械篡奪了上帝的神奇力量，它們的存在本身就是一種褻瀆。

在這樣的被動攻擊之下，德國人還是持續送自動機械過去，而鄂圖曼人也還是繼續摧毀它們。魔法、奇觀、驚世之作？全都變得沉默，雙方都失去了它們。現代化之前的機器人就這樣出現與消失，這是最蠻橫的外交武器。

不過嚴格來說，自動機械的確避免了雙方交火，只是讓彼此氣得七竅生煙。我知道你在想什麼，答案是不，發動一場現代化之前的冷戰不是一個和魔法森林交朋友的好方法。

如何穿越荒蕪之地

勃艮第的菲利普公爵（Duke Philip of Burgundy，一三九六－一四六七）在百年戰爭（Hundred Years' War）期間熱衷於背叛各個盟友，最後還被稱為「好人」，但他其實更愛十字軍運動。正式的十字軍運動早在幾百年前就結束了，但菲利普是個夢想家，他很崇拜十字軍戰士，也渴望領導自己的十字軍，甚至還為他的十字軍誓言取了一個特別的名稱：野雞之誓（Oath of the Pheasant）。

當菲利普要派一名偵察兵到耶路撒冷進行「情報蒐集任務」時，他相中了世界上最傑出的間諜貝特朗東．布羅奇耶爾（Bertrandon de la Broquière）。因此，貝特朗東可能是你穿越荒蕪之地的最佳嚮導，以及學習如何與頑強又聰明狡詐的居民鬥智。

貝特朗東（逝世於一四五九年）知道有條路可以到近東，路線是先從地中海再到貧瘠的西奈沙漠。他還知道回家可以走兩條路：第一條是照原路橫渡地中海；第二條是往北到敘利亞（Syria），穿越遼闊的安納托利亞內陸，再經過巴爾幹半島（Balkans）。貝特朗東一次又一次地聽說走陸路絕對是死路一條，但他不信邪，堅持自己會活下來述說親身經歷。

當他回到勃艮第時，他用生動豐富的文字把旅程寫了下來，並大量印刷發行。所以年輕的英雄呀，我建議你讀一讀他的作品《海外旅誌》（*Le voyage d'outremer*），並學會如何征服荒蕪之地的沙漠和塵暴。

◈記得帶錢

想穿越沙漠？你要做的第一件事是買或租一隻駱駝，牠能讓你的旅途更加舒適。第二件事是雇用一名嚮導，他的商隊能為你提供一些保護，以防遇上強盜或迷路。第三件事是看著你的駱駝並嘆氣，因為你不得不跟嚮導買或租一頭驢子，不然他就不帶你一起走。

足智多謀的貝特朗東解釋道，為了避免這種下場，他求助於加薩（Gaza）的總督，對方當然幫了這個忙。但在那之後，貝特朗東由於身上的錢不夠，為了賺預算以外的費用，他將葡萄酒賣給一名當地穆斯林，因為後者無法合法向另一名穆斯林購買。這是很常見的作法，但讓一開始的商隊領導得以趁機害貝特朗東被逮捕並吃牢飯。這次，貝特朗東救不了自己，而是被一名基督教奴隸販子拯救。

這告訴我們什麼？身上要帶足夠的錢，以免讓奴隸販子成為荒蕪之地的英雄。

◈把錢藏好

在這場蒐集情報的任務中，貝特朗東小心翼翼地把錢縫在衣服裡藏好。（這個策略解釋到，為什麼十五、十六世紀的中世紀紐倫堡附近有那麼多全身光溜溜的搶劫案受害者，而其他中世紀城市可能也有相同狀況。）他來到大馬士革（Damascus）郊外的賽德內（Serdenay）修道院時，能為這個計謀做個好說明。貝特朗東進入了教堂觀看一幅聖母瑪利亞的肖像，據說它會流出油來。一名不知道從哪裡冒出來的女子突然撲向他，試圖為貝特朗東塗上「流出來的油」。貝特朗東拼命掙脫，不給她任何偷竊或敲詐「捐獻」的機會。

別讓你的錢包成為荒蕪之地。

◈巧妙偽裝

當貝特朗東的當地朋友（應該是他花大錢請的嚮導）給他一套衣服時，他毫不猶豫地就穿上了。舉例來說，從大馬士革到布爾薩（Bursa）的路上危險重重，貝特朗東暫時加入了一個前往麥加的商隊……這對一名基督徒而言不是個明智之舉。他的嚮導很聰明地讓他穿上深色褲子和白色長袍、戴上頭巾並繫上麻布腰帶，這是奴隸的服飾，讓他容易被其他人忽視。

貝特朗東需要定期換裝的狀況，顯現出兩個重要問題：你需要幾套衣服？在鳥不生蛋的地方要怎麼洗衣服？很可惜的是，在貝特朗東的作品裡找不到答案。

◈研究堡壘

由於我們必須為「荒蕪之地」的「荒蕪」加上引號，因此你應該學學貝特朗東，仔細觀察和描述任何有人居住或廢棄的堡壘。舉例而言，地處戰略地位的大馬士革，就有一座在山坡上被護城河圍繞的小城堡保衛著它。

至於城市裡，它有一幢數百年歷史的石造「豐都格」，過去曾經是當地一個富裕家族貝爾托克（Bertok）的私人住宅。當精明的蒙古統治者帖木兒（Timur）在一四〇〇年征服大馬士革時，他徹底摧毀了整座城市，除了這個「豐都格」，而且還在周圍設置守衛，確保它不被縱火或洗劫。當地人沒有解釋為什麼帖木兒放過這棟建築物，但可能是因為它很美的關係。貝特朗東特別感興趣地提到了外牆石頭上刻的鳶尾花飾。

貝特朗東的情報蒐集任務是不是有點……走偏了？你在旅程中最好自己多加注意，或許也可以開始注意他寫《海外旅誌》的背後目的。

◈精通在地武器

火藥炮逐漸滲透西歐戰爭，各國競相取得越來越好的槍砲彈藥。身為稱職的間諜，貝特朗東不僅精通土耳其（Turkish）軍事技術，還確保他的雇主能夠複製這種技術。

在貝魯特（Beirut），貝特朗東目睹了一場有歌聲、哭聲，還有砲火在天空中留下尾巴的日落盛宴。他推敲大砲可能如何用來殺人或嚇唬馬匹（很有趣的優先順序），並決定冒險和花錢學習製作。為此，他賄賂製作大砲的師傅，以得知材料和作法。貝特朗東取得了這些材料，還有打造砲彈必要的木製模具。他在書裡驕傲地提到，他把這些東西都帶回了法國。

但他在書裡並沒有驕傲地描述如何把模具從貝魯特帶到大馬士革，一路往北到敘利亞，穿越安納托利亞到君士坦丁堡，再經過巴爾幹半島到維也納，然後從維也納到神聖羅馬帝國，最後抵達法國，將模具交給國王。事實上，在他後來編列的財物和衣物目錄之中，並沒有提過模具。

可以確定的是，談到武器這件事，貝特朗東對華麗的詞藻描述比實際上的武器更有興趣。不，他的優先順序絕對跟世界上最傑出的間諜不一樣。但你在成為英雄的路上，難免會遇到一些有違常理之事。

◈ 增強戲劇張力

雖然在一般的修道院停留會有財務上的風險，而在西奈半島中部的修道院更會有特定風險，但勇敢的貝特朗東還是決定要造訪聖凱薩琳修道院。《海外旅誌》輕描淡寫了兩天的無聊路程，接著一隻一公尺長的野獸突然冒了出來！當地嚮導都嚇得尖叫，但那只是一隻逃跑並躲在岩石後方的蜥蜴。貝特朗東和他的夥伴安德魯・圖隆吉翁（Andrew de Toulongeon）及皮耶・佛特雷（Pierre de Vautrei）從馬背上跳了下來，而兩名法國騎士揮舞著刀劍追趕這隻怪物。牠的高度不及一個手掌，但足足有一公尺長，別忘了。牠發出驚天動地地叫聲，「像是貓看到狗正在接近」，很可怕，你懂的[7]。騎士們擊中了怪物的背部，但徒勞無功，牠的鱗片就跟盔甲一樣！

但安德魯爵士還是用劍找到了弱點，將牠翻過來卯起來狂刺，最後終於殺死了這隻要命的沙漠怪獸。

這場打鬥告一段落之後，貝特朗東才停下來說明他們一行人其實並沒有身陷危險，只不過阿拉伯人嚇壞了，而歐洲人很鎮定。

這一幕有動作場面、緊張情緒和勝利結局。它利用這個殺死受驚動物的故事，建立起特定西方基督徒的英雄氣概，並凸顯一般東方穆斯林的膽小懦弱。

貝特朗東的「間諜報告」看起來是有角色和情節的。你是否開始懷疑這份報告的實用程度？

◈ 增加女性代表

你說「都沒有提到女性」很不對勁是什麼意思？賽德內教堂裡的那個騙子不就是女的嗎？

不過，在整本書當中，貝特朗東的確一直到穿越土耳其時才第一次「偶然」提到，他們一行人當中有一名女性。霍亞爾巴拉克（Hoyarbarach）的妻子收到一封信，得知父親過世，哭得傷心欲絕。而且，據盯著她看的男人說，她長得很美。

你說「這不足以讓她像個真實存在的女性」是什麼意思？貝特朗東甚至還為這個角色發展出內心世界呢。

不過，這位作者也趕緊指出，在偏遠的安納托利亞山上，有個三萬人左右的女性部落，她們穿得像男人一樣，也像男人一樣揮舞刀劍，遇到戰爭時像男人一樣騎馬打仗。看見沒？荒蕪之地不僅有女人，還是很強的女人。

或許《海外旅誌》是有情節的沒錯。

---

7 Bertrandon de la Broquiere, Le Voyage d'Outremer de Bertrandon de la Broquière, ed. C. H. Schefer (E. Leroux, 1892), 22.

◈ 炫耀你建構的世界

……但當作者想要詩情畫意地描寫一些至關重要的事情時，情節可以先被擱置一旁：「安提阿（Antioch）的山羊大部分是白的，也是我見過最漂亮的，不像敘利亞的山羊雙耳往下垂；牠們的毛髮柔軟，有點長度而且捲捲的。綿羊則擁有又厚又寬的尾巴。人們也會餵食並馴化野生驢子，這些驢子的毛髮、耳朵和頭部很像雄鹿，也一樣擁有分趾蹄……牠們高大俊俏，與其他動物和諧共處[8]。」

彷彿你需要有關家畜的深度知識，才能穿越荒蕪之地並活下來。

一直縈繞在你心頭的疑問終於有了答案。貝特朗東寫的《海外旅誌》並不是間諜報告，而是一部冒險小說──《十字軍黃昏第三集：土耳其之刃》。

但貝特朗東要寫一本奇幻冒險小說也不是不行。他在一四三二年啟程，當時十字軍運動是菲利普公爵的夢想，他要交什麼報告給菲利普公爵都可以。他在一四五〇年代寫了《海外旅誌》，當時十字軍運動是菲利普的白日夢。這名公爵的野雞之誓，只不過是長久以來對著鳥類宣誓的傳統之一，這個文學上的悠久傳統可往前回溯好幾代的羅曼史，至早期法國傳說的亞瑟王與他的騎士們。菲利普在一四五五年希望獻給觀眾一部羅曼史，而貝特朗東也照做了。

貝特朗東的確以《海外旅誌》證明了自己是世界上最傑出的間諜（更別說是你最棒的典範）。他把自己塑造成主角，所有的焦點都集中在他個人橫跨西奈半島和安納托利亞荒蕪之地的冒險故事，而非提供建議給整個軍隊。不過他那些誇張的描述是有用的，有心理準備總比措手不及好。

所以囉，如果你必須穿越荒蕪之地，把劍放下，拿起《十字軍黃昏第四集：山羊時代》來讀一讀吧。

8 Ibid., 85–86.

危機四伏

中世紀的天文地理與傳說

4

當惡龍攻擊村莊時

聖喬治（St. George）屠了一隻龍。嗯哼！

聖喬治將一件女裝綁在龍的脖子上，安撫牠之後再殺了牠。這有趣多了。

聖喬治從惡龍手中救出一名處女後，先將一件女裝綁在龍的脖子上，安撫牠之後再殺了牠。這才有中世紀的風格嘛！

在中世紀基督徒述說的故事中，聖喬治旅行途經利比亞（Libya）時，偶然來到一座陷入悲傷的城市。一隻惡龍長期以來不斷蹂躪這座城市，這裡的人民不得不跟牠進行可怕的交易。當惡龍有需求時，他們必須透過抽籤選出一名孩童或青少年，把他丟到牆外；以一個人的慘死，換取其他人暫時的安全。而有一天，國王的女兒被選中了。

這位國王是神話中以色列國王耶弗他（Jephthah）的替身，耶弗他同樣因為上當而犧牲了女兒；惡龍則是撒旦的替身。不過這個故事還是給了我們一個深刻的教訓：兒童獻祭是從惡龍手中拯救村莊的爛方法（你要感激你的父母顯然認同這一點）。比起傳說中的村民，中世紀面對這種挑戰的方式有效多了，也不那麼兇殘。不管你曾經有多少次希望自己的村莊成為惡龍的誘餌，現在你是英雄了，而英雄就該拯救村莊。雖然你既非神話人物，也不是像喬治這樣的聖人，但你可以學學傳說中的村民如何應付突然出現在天空中的龍。

◈ 教訓一：別被殺死

顯而易見的教訓。

◈ 教訓二：不要驚慌

還記得《貝武夫》（*Beowulf*）嗎？

在這首古英文詩中，貝武夫必須面對並擊敗三個怪物。格蘭戴爾（Grendel）襲擊了赫洛特（Heorot）的蜜酒廳，也就是貝武夫的臨時住處，因為牠被一個排斥牠的世界所吸引，但這並非貝武夫的錯。格蘭戴爾的母親隨之襲擊，因為貝武夫殺了她的孩子，這的確就是貝武夫的錯了，但他是出於自衛才殺了格蘭戴爾。

和《貝武夫》中的前兩個怪物差不多，最後這隻惡龍原本快快樂樂地不惹麻煩，直到某人入侵牠的家，並偷走牠的一件珍寶。所以除非你是個貪心的小偷，否則惡龍不會沒事攻擊你的村莊。

◈教訓三：保護自己

有一件事情你一定要知道，那就是中世紀惡龍殺人的方式通常是使用毒液，而非噴火。牠們會同時往四面八方吐出濃濃的致命煙霧。

這是個好消息。

的確，要消滅火勢有很直接的解決方法——用一桶又一桶的水。但很直接不代表很簡單，特別是你需要一整個鄰近地區、甚至整個城市的人，拿著桶子不斷裝水和潑水，才有獲勝的可能性。如果你面對的是有口臭的大蜥蜴，你需要的是類似的例子來幫助你做好準備。你知道還有什麼東西的特徵是會向四面八方擴散濃煙嗎？空氣汙染。

由於某種原因，煤炭工業從來都不喜歡宣傳它在一二〇〇年代起步的事實，特別是在英格蘭。而到了世紀末，倫敦人都在抱怨空氣汙染的問題。

倫敦解決霧霾和煤灰的創意方法，就是宣導停止燃燒煤炭。這項策略就跟你試圖叫惡龍住手一樣，全然無效。

所以或許你可以向中世紀的毒龍專家求助，那就是鐵匠！在一四七三年，一位名叫烏爾里希．艾倫柏格（Ulrich Ellenbog）的醫生，提供鐵匠們一份萬無一失的四點計畫：

①用一塊布遮住嘴巴。

②裡面放好聞的香料。中世紀歐洲人相信疾病是透過「壞空氣」傳播的，因此抵抗它們最有效的方法，就是製造「好空氣」。

③由於你也用嘴巴呼吸，所以要在舌頭上放有益的物品，像是高麗菜或綠寶石。

④如果其他方法都沒用，記得大蒜和葡萄酒！我的朋友，大蒜和葡萄酒肯定有用。

◈教訓四：自我療傷

你可能沒有綠寶石，但你一定有別的選擇！你在經過每一座城鎮時，記得確認當地的藥劑師有沒有儲存「底野迦」（theriac，又譯為解毒舐劑），這種神奇的粉末可抵抗任何致命爬行動物的毒液（只有一個例外）。不過，底野迦是由「泰魯斯蛇」（tyrus）的皮磨成的，而這種蛇（也就是前面提到的例外）只有在敘利亞才找得到，這代表你買得起的底野迦可能是假貨。

值得慶幸的是，即使中世紀的主要醫療方式包含使用水蛭，但還是有其他的選擇性。打包好你的行囊，去義大利吧！你一定會遇到一個站在城門旁的男人，他的一隻手臂上纏繞著一條黑漆漆的巨蛇，另一隻手臂上蜷曲著一條毒蛇，還有一條金蛇在他的肩膀上爬行。他是一名「保里阿尼」（pauliani），這個稱號來自於傳說中不怕被蛇咬的使徒。他保證你也可以得到這種能力，你只需要一罐「聖保羅的恩典」。你可以向他購買，而且只能跟他買。效力跟底野迦一樣，但價錢更划算！

「聖保羅的恩典」真的有用嗎？這個嘛，你想想，有兩種人永遠不會放棄：英雄和騙子。

如何屠龍

你認為你能從一本有關詞源學的書中學會如何屠龍嗎？

因為神學家兼主教塞維亞的伊西多爾（Isidore of Seville，五六〇—六三六）撰寫的《詞源》（*Etymologies*）很明確地教導了這件事：一名巫師潛入惡龍的巢穴，將安眠藥粉撒在地上。接著，趁牠無力抵抗時砍下了牠的頭。大獲全勝！

另一方面，此時你已經知道要注意所學知識的來源。伊西多爾的《詞源》不是研究文字的起源，而是一本包山包海的百科全書，內容與書名相符，確實是探索事物起源（但大部分源自於更早的作者）。而伊西多爾的屠龍建議不是為了龍，而是為了石頭。

當伊西多爾討論到火寶石時，他描述了龍石（dracontite），這是一種讓東方國王引以為傲的發光寶石。龍石只存在於龍腦中，但如果從已經死去的龍身上取得，只會是一般的石頭，必須在殺死龍的那一刻取出，才會是燦爛的寶石。

不管這有多令人沮喪，你都必須承認，他的屠龍教學和虛構寶石的文字遊戲之間，存在著極大的落差。

當伊西多爾真的談到龍的話題時，他比較關心的是龍可能會殺死你。（小心牠用尾巴讓你窒息，就像蟒蛇一樣。一條會飛的蟒蛇。）這個百科全書的詞條並非全無優點。伊西多爾額外使用了常見的龍與象主題，暗示你應該在戰鬥中放棄騎馬，改騎大象。他還聲稱龍只能活在印度和衣索比亞的熱帶環境，這對你來說只是小問題，你已經去過衣索比亞（或甚至在那裡長大），不過你唯一見過的龍是在藝術作品中被聖喬治殺死的那隻。

另一方面，對伊西多爾來說，衣索比亞和印度都不是真實存在的地方，這兩個半神話國度位於已知世界的邊緣，充滿已知和未知的奇異事物，像是龍。

不！這樣的地理觀念大錯特錯。龍真的存在，不然牠們為什麼在中世紀無所不在？你從來沒有聞過龍吐出的煙霧，但你見過很多龍。牠們在科隆（Cologne）猶太會堂的彩繪玻璃窗上，用熾熱的目光盯著你，這座會堂在經歷了一〇九六年的大屠殺後浴火重生。或者你在一二〇〇年代穿過土耳其的城門時，曾用手指劃過銜尾龍的雕塑。還有在一四〇〇年代，龍的雕像發射出彩色的煙火，綻放於歐洲的天空。

而你也聽過許多有關屠龍者的傳言！（你不用擔心貝武夫，因為不是真人所以不算數，在故事中他掛了。總之，他並沒有殺死龍，但沒有人記得，人們只會記得最後真正殺死龍的英雄，因為他活了下來。）

不，回想一下，你曾想像自己是最偉大的波斯英雄洛斯達姆（Rustam），他在忠心馬兒拉赫什（Rakhsh）的幫助下，奮力屠了一條龍。洛斯達姆某一天在任務途中，躺下來睡了個午覺，休息地點好巧不巧就在龍的巢穴旁邊。拉赫什不斷嘶嘶叫，並用馬蹄推牠的主人，直到洛斯達姆終於醒來，看見龍怒氣沖沖地回來。這位英雄的工具（也就是你的工具！）是盔甲、劍和機智反應。當龍開始用尾巴盤繞洛斯達姆時，他趁最後還能移動和呼吸的機會，拔腿衝到龍的身後，狂刺猛砍這條邪惡的巨蟒，直到牠斷氣為止。

在中世紀早期的英格蘭，任務會比較簡單一些。一款醫療符咒認為屠龍是沃登神（Woden）或奧丁神（Odin）的責任，祂會把龍大卸九塊。你的責任則是混合茴香、百里香和野生酸蘋果做成一種藥劑，用以中和龍的毒液。讓神去屠龍感覺不太像是英雄會做的事，但至少你在路上會有點心吃。

龍無所不在，一定是如此。從印度到愛爾蘭，牠們是上古混沌的終極化身，可能再度吞噬這個世界，由始至終都是邪惡的，而且牠們是……等等，龍還是惡魔呢。或者應該說，惡魔是龍。

還好對各方來說，一個真正的英雄任務，會是要你殺死以惡龍形態出現的惡魔，而你能搞定。如果你是中世紀的基督徒，你就會對安條克的聖瑪格麗特的故事如數家珍，就跟熟悉基督的生平一樣，因為聖瑪格麗特在幾乎毫無希望的情況下殺死了一條龍。

瑪格麗特是四世紀一名敘利亞異教徒的女兒，但由出身卑微的基督徒撫養長大（換句話說，瑪格麗特其實不是真實人物）。雖然如此，她還是被安排嫁給國王（絕不可能是真實人物）。果不其然，她拒絕放棄基督教信仰，因而被關進監牢，她美麗的處女之身在牢裡受盡了殘酷的折磨，但她的信念毫不動搖。

不過在中世紀，這部分的傳說可以（也的確已經）套用在任何一位虛構的美麗貞潔聖女身上。然而，只有瑪格麗特有以下這種經歷：經過數週的嚴刑拷打，某天她蜷縮在牢裡，一隻龍突然闖進來，伸出爪子並張大像地獄入口一樣的嘴。牠用尾巴把瑪格麗特抓住，丟進血盆大口中。

主角被吃進肚子裡的情節不該在這個故事發生。

瑪格麗特手無寸鐵，但她有超能力。她在怪獸的肚子裡，畫了一個象徵性的十字架，她先觸碰自己的額頭、胸口，再來是左右兩邊的肩膀。

接著這隻龍的胃爆開一個大洞，成為世界上最慘的消化不良案例。

不過，瑪格麗特沒有成為消化系統的主保聖人（patron saint），而是成為整個西歐最受歡迎也最重要的聖人之一，以療癒力量聞名，尤其是對於懷孕和分娩的婦女而言。就連瑪格麗特屠龍的標準聖像，看起來都像是在描繪女性剖腹生產的過程。

但與瑪格麗特不同，剖腹生產絕對是中世紀分娩的最後手段。幾乎毫無例外地，剖腹代表著母親的死亡，寶寶也可能有喪命的危險。絕望中的希望是讓新生兒能活到受洗的時刻。

因此，中世紀的母親創造了一個屬於她們的神奇宗教儀式。在她們生產時，除了身邊圍繞著女性親戚，還會帶著瑪格麗特肖像的護身符，或是瑪格麗特傳記的碎紙片。她打敗惡龍，象徵「重生」並戰勝死亡。這樣的重生也能戰勝新生兒與母親的死亡。

你知道嗎？中世紀的兒童死亡率高得嚇人，有百分之五十的兒童活不過十六歲。那母親呢？在屠龍者聖瑪格麗特的幫助下，一名未來的母親，大約有百分之九十八的機率可以活下來，她的生命以及孩子的出生就是瑪格麗特的新生。每一名中世紀女性生下孩子，就等於是屠了一隻龍。

雖然還是拿起盔甲和刀劍打架比較簡單。

如何馴龍

馴龍是上帝的旨意。

畢竟，如北歐基督徒所堅持的，不這麼做怎麼可能成為英雄呢？龍是全天下最雄偉的生物，牠們在空中翱翔時，可以抓著或叼著一個人，而不使他受傷；也可以透過情緒而非殺戮，來遏止大批敵人的攻擊。當你避免不了落入壞蛋的地牢時，牠們會為你照亮出路。這代表，只要你能夠隨心所欲地控制龍的魔力和威嚴，就可以獲得最強大的力量。

但要是嚴格來說，那些案例沒有神祇的參與怎麼辦？史上最偉大的神學家兼哲學家之一湯瑪斯．阿奎那（Thomas Aquinas）在這方面極具權威，他清楚了解馴龍是上帝的旨意，而基督徒有義務去嘗試。但要怎麼做？

如你所預料地，故事要從同人小說講起。

早期和中世紀的基督徒熱愛撰寫《聖經》角色的同人小說，有些甚至還成為公認的重要作品。這個過程讓耶穌身邊的追隨者西門（Simon）和猶達（Jude），冒著生命危險從耶路撒冷那頓最後的晚餐上，跑到波斯王宮站在國王前面。他們兩個真夠累的，讓整個王國和大部分的朝臣都改信基督教。上帝還有什麼好要求的呢？

宮廷的巫師心情糟透了，他們剛剛輸掉一場有關超自然力量的辯論，慘敗給一群律師，這本來應該是他們的專業強項。於是這些輸不起的人放出了一堆蛇，一百條致命的毒蛇。

這種計謀對西門和猶達來說似曾相識。在《出埃及記》（*Exodus*）的年代，當上帝叫亞倫（Aaron）丟下他的手杖時，手杖變成了一條更大的毒蛇並吃了其他蛇。但那一天在波斯，上帝什麼也沒說，西門和猶達的木杖紋絲不動，依然是木杖。

如果變不出蛇，那就用現成的吧。這兩名聖人把外套脫掉，放在地上，先讓一大堆致命毒蛇爬上去，再拿起外套丟向巫師，並請求上帝讓他們動彈不得，被蛇咬到碎屍萬段。

上帝聽進去也同意了，但也提醒西門和猶達，這不是聖人該有的行動。兩人謹記在心，聽上帝的話準沒錯，但他們還是讓巫師求饒了好一陣子才罷休。

最後西門和猶達終於心滿意足，命令毒蛇爬到沙漠去。他們沒有要殺蛇的意圖，也沒有等上帝把蛇變成木杖，只叫蛇離開，而蛇也乖乖聽話。

（現實世界的）幾個世紀後，湯瑪斯．阿奎那出現了。他在巴黎一間大學的房間裡安頓下來，讀了所有有關基督教的文獻，像是《聖經》原文、擴張的宇宙、一篇又一篇的粉絲分析。如果維基百科要由一個人來寫，那一定是他，他把著作命名為《神學大全》（*Summa theologica*）。

在湯瑪斯寫作的某一刻，他必須證明，希望把惡魔送走的人，可能會請求上帝賦予他們驅魔能力。其中一個關鍵的中間步驟是：證明人類可以對沒有理性的動物下命令。在所有能夠支持這個論點的證據之中，湯瑪斯挑了西門、猶達和毒蛇的例子。

只不過對湯瑪斯而言，這些毒蛇是廣義的「蜥蜴」。他讀了這個故事、牢記下來，並在《神學大全》裡把牠們詮釋成「龍」。也就是說，這一本可說是中世紀最重要的基督教神學書，清清楚楚地告訴讀者，人類可以、可能也應該馴龍。

其中，只缺了一個很小、小到微不足道的細節：如何實行？你可能會在某個抄本中找到訓練野獸的方法，但抄寫它的修士搞不好只看過老鼠。至於教會外面的基督教作家所寫的馴龍訣竅，你也不必有太多期待。太多貴族想要證明自己的男子氣概，想告訴全世界他們如何訓練動物狩獵，但這邊指的是狗和獵鷹，噢！還有豹。同一群貴族想要藉由炫耀寵物豹，來證明自己的高尚。這些豹是在亞歷山卓由穆斯林飼養員訓練，並當作寵物被購買。在十五世紀風靡威尼斯、德國和法國的大象，也被原本的馴獸師送往地中海的另一端。

值得慶幸的是，中世紀的穆斯林的確知道如何隨心所欲地約束危險又難駕馭的動物，他們也很樂意提供指導。

沒錯，穆斯林獸醫的指導是針對獵豹，而不是龍。但你想一想，在西門和猶達精通了馴蛇之術之後，又必須在另一個國王的宮廷裡重施故技，只是這次對象換成了老虎。如果故事成立，上帝已經把馴龍和馴大貓連結在一起了。有何不可？馴貓需要耐心和起司，馴龍也需要耐心、起司，以及不偷牠們的金銀財寶。

十四世紀的獸醫學專家伊本・曼卡利（Ibn Mankali），這個名字經常和海軍作戰連在一起。他提供了一個雙管齊下的方案，讓你和你的獵豹建立友誼，還列出了訣竅清單，但並不能保證這些訣竅一定有用（每次說到海軍作戰，我就會想到獵豹）。不過，曼卡利的清單的確包含了耐心和食物：

1. 你新購入的獵豹，要趁牠側臥時完全束縛牠。如此一來，牠能動的就只有嘴巴。
2. 放一碗起司在牠的頭旁邊，牠會先舔一舔再吃掉。（中間那一段，有點……不太現實。）
3. 等牠吃完起司，你就介入訓練。先給牠小小的肉塊，一次一塊，牠會把你跟好吃的食物連結在一起。
4. 逐步讓牠有更多移動地自由，從抬頭、動爪子、坐著到站起來。但每一個階段，只在牠完成你允許的新動作時，才給牠東西吃。
5. 這有點像是「正向強化」(positive reinforcement) 的狗兒訓練方法，只不過伊本·曼卡利馴豹的最終目標是教會牠騎馬。

你不確定自己能不能接受這個挑戰？也許你有一隻問題獵豹？十二世紀的敘利亞宮廷能提供你更好的點子，也就是請一個女人去訓練牠。

蘇丹有隻最寵愛的獵豹就是如此。這名女馴獸師的姓名已不可考，但她與這隻大貓的超凡友誼被記錄了下來。馴獸師為獵豹製作了項圈和皮帶，牽著牠趴趴走，獵豹甚至願意讓她撫摸和梳毛。

這位馴獸師不只這點能耐。她和蘇丹無微不至地照顧獵豹，幫牠做了一個覆蓋著天鵝絨的稻草床鋪。隨著故事的發展，有一天馴獸師大發雷霆，因為獵豹在天鵝絨上撒尿，而不是尿在旁邊的東西上。簡而言之，她訓練這隻大貓使用貓砂盆。

當一個人第一次馴服野生的龍時，絕對不會想到貓砂盆這種東西。不，你可能會想像自己安全地在龍的爪子裡乘風翱翔，或是命令牠照亮你逃出洞穴的路。這才是英雄做的事，英雄不會管龍在哪裡上廁所。

不過，貓砂盆訓練能夠讓你成為地上人類的英雄，不然龍在天上飛的時候，他們可能會遭殃。

如何躲過海怪的攻擊

歡迎光臨！你想下地獄嗎？

你可能以為海怪會是海上旅程中最容易解決的問題。畢竟，要拯救在船難中溺水的人需要（字面上的）奇蹟，而海盜會把你賣給別人當奴隸、扔到海裡溺死或直接殺掉。相比之下，尼斯湖水怪（Nessie）還滿可愛的，很適合當寵物。

但如果船尾那隻海怪決定把你的船當點心吃，你很快就得開始擔心比死亡還嚴重的麻煩。所以你絕對應該擔心在古老大洋中的近東和史前原始印歐怪物，不是讓牠吞噬世界，就是消滅牠。

你可能夠幸運，可以對這種神話一笑置之，多虧了一部古老的希伯來文諷刺作品，它描述了一名不服從的先知被一條大魚吞下肚。中世紀基督徒看到約拿（Jonah）在這條不知道是不是鯨魚的大魚（真的，《聖經》沒有特別說是鯨魚）肚子裡活了三天。嘿，基督在受難日和復活節之間的那三天，不是都待在地獄嗎？（是的）嘴巴和被吃掉不是往往象徵地獄的入口和進入地獄嗎？（也沒錯）因此，基督徒認為約拿的歷險象徵了基督在死而復生前擊敗惡魔的那三天。好吧，或許約拿在對抗胃酸時，基督在對抗撒旦，他們的戰鬥仍然發生在同一個邪惡的戰場上。所以，如果你跟約拿有同樣遭遇，還是被船尾的那隻海怪吃掉了，那麼你正在前往地獄的路上。

但如果你想要避開字面上兼隱喻上的地獄之口，你會需要蒐集所有可能的策略，從格陵蘭（Greenland）苔原、歐洲圖書館到有龍的地方都不能錯過。

◈ 巴芬灣（Baffin Bay）

你很佩服北歐人能夠乘船從冰島航行到格陵蘭嗎？在十二世紀，圖勒人（Thule）從俄羅斯航行到格陵蘭，並維持巴芬灣到阿拉斯加（Alaska）暢通的陶器貿易管道和交通路線。格陵蘭的圖勒人和他們的多爾塞特（Dorset）祖先（北歐人看起來沒那麼厲害了）可以在這一帶定居，因為他們能食用海象，海象肉很容易找到，也算容易取得。圖勒人很樂意把他們的獵海象技術運用在獨角鯨身上，這種生物對歐洲人普遍來說不怎麼討喜（……北歐人現在看起來又更弱了）。

在貿易商品方面，北歐人對動物的長牙趨之若鶩。海象？獨角鯨？他們的貿易夥伴微笑接受挑戰。在北歐人不敢踏足的地方，圖勒人直接面對這些生物並贏得勝利。

遺憾的是，除非你是圖勒人，不然可能會害你被吃掉。

◈紅海（Red Sea）

布祖格．沙赫里亞爾（Buzurg ibn Shahriyar）在十世紀寫了《印度奇觀》（*Marvels of India*），在書中他說明了如何從穆罕默德．哈桑．阿姆爾（Muhammad al-Hassan ibn Amr）身上學到躲過海怪攻擊的訣竅，而阿姆爾則是從一名有經驗的水手身上學到這些訣竅。我知道，你搞不清楚穆罕默德．哈桑．阿姆爾是何許人也，布祖格．沙赫里亞爾也不是真實人物。但你需要蒐集所有可以讓你遠離地獄的策略，而這個故事中的水手獲勝了。

我們繼續講。當不存在的水手們航行在真實存在的紅海時，一條巨大的怪魚衝撞他們的船，船體搖晃到讓他們以為撞上了懸崖，但船沒有沉，直到抵達港口他們才發現真相。船被巨魚撞出一個窟窿，牠斷裂的頭就卡在裡面。或許是當牠正掙扎欲脫困時，一條真正可怕的巨魚游了過來，享用了一頓美味的生魚片。但那個窟窿依舊被僅存的魚身堵住。

這場冒險無庸置疑地提供了一個示範，教你如何躲過海怪攻擊。但這是一個好範例嗎？依賴「天外飛來的巨魚」未免太懶惰，而且可能會害你被吃掉。

約旦河（Jordan River）

菲利克斯．法布里是真實人物（Felix Fabri，一四四〇—一五〇二），他分別在一四八〇年和一四八三年造訪了真正的約旦河，寫下了真實的旅遊日記，其中大部分的內容都是真的，而且他對其他人深信不疑的約旦河傳說抱持著懷疑的態度。（他讓讀者自行判斷，在約旦河洗滌過的亞麻外衣是不是能抵擋弓箭。）

穆斯林導遊講到這條河時會警告基督教朝聖者，在河裡游泳的人有時候會……消失，所以無論如何都不該游泳過河。不過當然了，大家都還是這麼做。現在你可以想像，一名中年修士脫光衣服（中世紀歐洲的泳衣）在河裡戲水的樣子。

在法布里的第一趟旅程中，其中一個跟他一起游泳的人的確消失了。這個可憐蟲浮出水面時已失去了意識，呈現半昏迷狀態。當他好不容易把嗆入腹中的水吐了出來，正要描述他發生了什麼慘事時，有個東西擦過他的腿！然後他全身的肌肉就失去了力氣，不斷地被往下拉，他無能為力。

問題不在於有沒有海怪想要溺死他，而是哪一種海怪。法布里講述了他聽到的可能性：一、會吸食靈魂和身體的生物，潛伏在泥濘的河底深處，伺機冒出來並抓住任何牠們看見的人腿；二、從死海（Dead Sea）游過來的怪獸，但那裡沒有生物可供怪獸生存，彷彿是從地獄游上來的；三、水本身就是怪物，死海把它苦澀的毒水推往約旦河。

不過，多明尼加修士兼神學家法布里覺得有必要將這場有驚無險的災難轉化為教訓。他試圖主張，這起可怕的事件是上帝要懲罰在聖河中一絲不掛戲水的人。

等到泳衣被發明出來，或許是躲過海怪攻擊的新奇方法。但你既然身在中世紀，這個方法還是可能會害你被吃掉。

◈英吉利海峽（English Channel）

無論虛構與否，十世紀的詩〈被鯨魚吞下的某個漁夫〉（"A Certain Fisher Whom a Whale Swallowed"）（看似合理）描寫一名叫「威辛」（Within，意指「裡面」）的英格蘭漁夫被鯨魚吞下肚的故事（又不合理了）。威辛在鯨魚肚子裡面驚恐地待了五天，一直想辦法要帶著他的小船逃出去。他用一把可靠的劍對著鯨魚的胃又切又砍，終於讓這個龐然大物游向岸邊，來到沙灘上。但在他放火燒了船之後，才將鯨魚殺死，可是此時他還困在鯨魚肚子裡面。

威辛不死心，他開始大聲呼救。當地村民來到沙灘上想切下魚肉，卻聽到了他的聲音。他們以為這條鯨魚被惡魔附身，胃口盡失，害怕地逃之夭夭，但最後他們還是回來把威辛救了出來。

成為〈被鯨魚吞下的某個漁夫〉一詩中的主角，絕對會害你被吃掉。一艘船、一把劍、一片沙灘和一群飢餓的村民將幫助你逃出生天。至於讓別人以為你是惡魔，則可能會害你被綁在柱子上燒死。

再來看下一個例子。

◈ 地球上所有水域

還不害怕嗎？《希伯來聖經》（*The Hebrew Bible*）描述了最厲害的海龍，牠的身軀由熔岩盔甲構成，毫無弱點，而且會噴火。對牠而言，刀劍跟稻草沒兩樣，盔甲則像朽木。上帝讓牠成為深海之王，比其他生物都還要強大。牠是「所有天之驕子的王者」。

但中世紀的猶太讀者明白每個人都是天之驕子，他們發現有個故事一遍又一遍地不斷重複。上帝終究將殺死最可怕的海怪、萬物中最強大的敵人，在最後的宴席上，全人類都會以牠的肉為食。

有關最後宴席的預言與中世紀中期猶太讀者、基督教作家、阿拉伯說書人和圖勒海象獵人的生活產生共鳴。從格陵蘭的冰凍海岸到約旦河的河岸，有個不變的真理：避免被海怪吃掉的方法，就是先吃掉牠。

如何不被吃掉

這原本是個平凡的星期天。法國桑斯（Sens）的村民在八五八年的那一天紛紛擠進教堂，女人站一邊、男人則站另一邊。牧師開始用拉丁文進行禮拜儀式，背對著會眾。會眾原本應該要站著不動並面對牧師，但多數人正在男女分隔的空間裡擠來擠去、交頭接耳和閒話家常，他們應該很高興教堂的長椅要再過幾個世紀才會發明。這是個很平凡的一天、很平凡的彌撒。突然之間，一隻狼破門而入。

這隻野獸闖進男性那一側，讓他們撞成一團並四處逃竄。牠接著奔入女性那一側，一樣大鬧特鬧，然後再度跑出去，消失在森林中。你可能沒注意到，狼沒有殺死任何人，沒有人因此喪命或少掉一條腿，唯一的損失是聊八卦的時間。

這樣的歡樂結局幾乎是不公平的。作為一個有任務在身、集結了一群旅伴的英雄，你應該要害怕在路邊樹林裡對你虎視眈眈的狼。古北歐語用「Vargar」一詞代表「歹徒」和「狼」的意思。「Vargar」總是攻擊和殺害旅人，法國和英格蘭政府提供賞金給捕狼人，希望能夠消滅這些野獸。

隨著時間過去和十字軍運動的持續失敗，你應該要更加感到害怕。中世紀歐洲數百年來的人口成長，代表著人類和家畜逐漸壓縮狼的生存空間，狼並不會分辨野生獵物和羊群是不同的食物。到了一五〇〇年，雖然狼皮賞金讓狼在歐洲某些地區絕跡，但一四三八年仍有隻狼在巴黎近郊殺死十四個人！所有編年史都這麼說！

或者你可以解釋成「一隻狼在一四三八年殺了十四個人，成了熱門話題，因為這是非常少見的攻擊事件。」你說得沒錯，再多提供你一點背景資料。一四三八年的嚴重饑荒，使得狼在不得不的情況下攻擊人類。合理的結論只有一個：中世紀幾個世紀以來的公關都做得很差，一部分原因是他們把宣傳的預算都拿來抹黑狼。

不過，別擔心，你還是可以靠抵擋動物攻擊來獲得英雄點數，你只需要一個熱愛培根的中世紀晚期城市。事實證明，養一頭母豬是確保你的家人有肉可吃，而非只有鹹魚的最佳方式，而且讓豬在街上到處吃垃圾，比你自己餵食省錢多了。唯一的問題是，在街上亂晃的豬有個壞習慣，牠們偶爾會闖入別人的家，或吃掉嬰兒，這個問題嚴重到讓德國各個市政府立法禁止人們把豬放出來遊蕩。如你所預測的，這些法令成效不彰，讓你有很多機會衝過去將幼童從豬的口中救出來。嘿，「不被吃掉」和「不被吃掉並變成培根」相比之下，前者遜掉了。

噢，要殺掉一隻可愛又聰明的豬，讓你覺得有點反胃？或許你是穆斯林、需要潔食（kosher）的猶太教徒，或在大齋期（Lent）忘了付錢給教會免除齋戒的基督徒？或者你只在糾結，殺一頭豬沒什麼戲劇效果，但被狼攻擊的戲劇化事件又不可能發生。別再擔心你的英雄聲望了，你還是處於被吃掉的嚴重威脅中，而且不是潛藏在黑暗路旁的老動物。沒錯，我說的正是世界上最危險的掠食者——食人族。

◈食人族

所有專家都同意，在你準備要踏足世界邊緣前，最好三思而後行。一場暴風雨可能把你吹到比蘇門答臘（Sumatra）還要遠的島嶼，島上的居民會吃掉你，然後把你的頭骨當成戰利品來展示。這不是有可能而已，而是肯定的事實。你也別費心試著讓船重新啟航了，你得找地方補充在船上需要的食物和水。還有，外海邊緣的所有島嶼都有食人族。

但如果你真的到了世界的盡頭，有辦法保護自己不淪為食物嗎？你可以讀讀一名十世紀水手的故事，他找到了獲得自由的方法。

在斯里蘭卡（Sri Lanka）附近有個不知名的小島，在靠近已知的世界，島上有一群食人族。嗯！食人族國王親自邀請這名水手共進晚餐。這是一場充滿美食佳餚的盛宴，只不過前菜的醬汁裡看得見一塊塊的頭、手和腳。你應該可以想像，水手這一晚幾乎吃不下任何東西（或許之後好幾晚都是）。隔天早上，當他準備要趕快烙跑時，食人族國王拿出一條魚，說：「這是我們吃的東西，也是你昨晚吃的東西。我們最上等的魚。」這個「食人族」國王只是在惡作劇嗎？真是令人鬆了一口氣。不被吃掉絕對是好事，但如果食人族不存在，你就無法被食人族吃掉。

所以你可以放鬆心情坐下來，去聽那一大堆有關中世紀沙漠和島嶼上食人蠻族的故事。像是有個十世紀的阿拉伯故事，發生在另一座斯里蘭卡附近的小島上，那裡有三重陷阱，沒有任何一名水手能逃得出去。如果你來到這座小島，會被老虎生吞活剝；如果你動作夠快，從船上跳進水中，等著你的會是飢腸轆轆的鱷魚。但你何必跳海呢？因為剛剛上船的海盜會把你的船偷走……然後吃掉你。

等等。有海盜會吃人？

好，先別管怎麼會有水手活下來講述這個故事，也別管別人只看到「食人族」吃魚，更別管為什麼食人族總是住在沒人會去的世界邊緣。在這個故事中就是有食人海盜。

慢著，不對，被吃掉是一件壞事。要躲過掠食者的攻擊，最好的方法就是不要有掠食者，所以食人海盜一開始不存在不就好了。

真是無趣。為什麼你必須打敗邪惡勢力來拯救一個沒有食人海盜的世界？

當烏雲出現在地平線時

當你的旅途中，某個時刻出現了烏雲，你一點都不需要擔心，雇用一名天氣巫師就好。

是的，中世紀有天氣巫師。他們被稱為「tempestarii」或「tempestariae」（意謂暴風雨），是九世紀法國和英格蘭的救星。當暴風雨在地平線醞釀時，天氣巫師能夠與雲溝通，迫使它們離開。

有時天氣巫師被稱為「inmissores tempestatum」，意指「差遣暴風雨的人」，他們擁有呼喚雷電冰雹的力量，可唸咒召來狂風暴雨，摧毀農夫的收成。

補充重要的一點：「tempestarii」和「inmissores tempestatum」是同樣的人，想要同樣的東西，也就是你的作物。想讓他們安分，就得把一部分的作物送給他們，而非教會。

對農夫巫師來說，「inmissores tempestatum」是不是聽起來有點太文雅和文法正確？他們指明要你繳交作物給他們，而非教會，是不是讓你覺得可疑？你可能是對的。中世紀早期的教會喜歡宣稱天氣巫師是罪人，而當時的歐洲政府經常受到教會施壓，偶爾會宣稱天氣巫師是罪犯。不過不知為何，你在文獻資料中唯一能找到的天氣巫師，其實不是天氣巫師，正好恰恰相反。

在八一六年左右，里昂的阿戈巴德大主教（Archbishop Agobard of Lyon）寫下了他和一名男子對話的故事，對方聲稱親眼目睹一名天氣巫師施法的過程。但阿戈巴德向讀者強調，這是片面之詞。他說服了這名男子承認自己事實上沒有看到任何人施展任何天氣魔法，一切都是編造的。

另一個例子的情況可怕多了。阿戈巴德偶然遇見一群村民，他們當時正打算拿石頭砸死三個男人和一個女人。村民解釋道，那四個人是從飛船上掉下來的雲上水手。阿戈巴德描述自己以長篇大論跟村民辯論，最後當然也贏得勝利。村民承認他們的想法是錯的，並放走了囚犯。這次的事件甚至沒有天氣巫師的戲份。

阿戈巴德身為一位不屈不撓的調查者和英雄（他自己說的），他發現許多人相信天氣巫師的存在。但沒人擔任、沒人認識，或甚至沒人見過天氣巫師。你想找他們來助你一臂之力？只能祝你好運。

但別擔心！中世紀還是有天氣巫師，只不過被稱為聖人和教士，他們用儀式咒語拯救法國和英格蘭以及其他很多地方。

法國西南部的居民會請求教士為他們的作物祈雨，而教士會舉辦特別的教會禮拜來防止雷雨侵襲。中世紀早期的法國和德國教士（例如：里昂的阿戈巴德）能藉由禱告的力量驅散雷電冰雹。真奇怪。

如果做了這麼多努力，狂風暴雨還是來襲了，人們通常會躲到堅固的石造教堂裡。但有正統的聖人在場，誰還需要建築物？故事是這樣的，一名英格蘭、德國傳教士兼女修道院院長莉歐芭（Lioba，七一〇－七八二），走進一場村民有史以來見過的、最強勁的暴風雨。她做了一個十字架手勢，也就是舉起一隻手從額頭往下劃到腹部，再觸碰心臟兩側，暴風雨立即消散。

別擔心，莉歐芭的聖徒傳只提過一次成功。像你這樣的英雄，遇到一次以上狂風暴雨的機會相當低。這個故事雖模糊了宗教與魔法之間的界線，但也不算是個問題，因為中世紀的基督教就是這樣發展的。比較大的問題是，寫這本聖徒傳的作者需要一些奇蹟，讓莉歐芭看起來像個聖人。嗯。

好吧。還有其他例子，可能可以讓你學會如何應付出現在地平線的烏雲。有個人向他的巫師對手發起挑戰，進行天氣決鬥，聽起來如何？

生活在九世紀的赫提加（Hertigar），原本只是一名來自瑞典（Sweden）比爾卡（Birka）的平凡男子，直到他成為村裡第一個改信基督教的人。有一天，在風雨欲來之際，一群男人開始取笑他是基督徒。赫提加馬上反駁對方，說他們的神祇不能驅趕風雨，但他的上帝可以。赫提加和其他人分別站在森林裡的空地兩端，雙方都開始念念有詞。雲層就散開了，異教徒巫師全身濕透了，而赫提加則仍舊乾爽。神授的天氣魔法果真有用。

不過，赫提加並非聖人。難道聖人不能當天氣巫師嗎？

別擔心！中世紀還是有天氣巫師。只要有對的工具，你一定也能成為其中一員，而且不必加入（不存在的）異教教派或（不）被維京人殺死。

你會發現最有用的工具就是一個簡單的十字架。你可以在農田旁邊的山坡上，插一支木頭十字架來避開冰雹，再賦予這支十字架特別的賜福，它甚至還能驅趕旱、晚霜害。你可以效法不是聖人的克呂尼的休（Hugh of Cluny，逝世一一〇九年），他跟莉歐芭一樣，做出十字架手勢，便趕跑了類似的暴風雨。一個憤世嫉俗的人可能會認為，中世紀早期的教士藉由強調基督教十字架的類魔法力量，來教導人們耶穌死亡和復活的重要性。可是在收穫期誰管這些？

你也可以利用空氣的力量，敲鐘讓雷電平息，而教堂的鐘聲則是最大聲的。再把聖水灑在鐘上，加入水的力量，它們的聲響便能讓冰雹退回雲層裡。如果你只有自己的聲音可用，那就召喚天使的力量吧。別只求「好」的天使，像是加百列（Gabriel）或米迦勒（Michael）那類的，從潘奇赫爾（Panchihel）和祂的四萬四千個天使助手開始也不錯。

所以當烏雲出現在地平線時，你可以滿足地微笑。中世紀有天氣巫師，而你是其中之一。

如何度過漫漫寒冬

一五一〇到一五一一年的冬天很難熬，比近期任何有印象的一年都還要嚴酷，而且（事實證明）比布魯塞爾（Brussel）人後來經歷的都還要糟糕。因此，他們在一月唯一能做的事就是：堆雪人。

明確地說，布魯塞爾人在整個城市堆了超過一百個雪人，用雪堆成的聖人、用雪堆成的希臘諸神、用雪堆成的牛。這場雪人藝術展覽甚至為城市的官方詩人帶來創作靈感，也將雪人帶入文學生活。舉例而言，詩中的雪牛會大便和放屁，因為這是中世紀。一個雪修女的動作，凍結在誘惑別人的那一刻很逗趣，而一個雪人在布魯塞爾死對頭的雪城堡中拉屎更是大快人心。但一五一一年的雪人節不僅僅有提升士氣的作用，當地人還把他們的集體創作稱為奇景，而非奇蹟，強調這是人的作品，與上帝無關。裸體男女交歡的雪雕，代表人們戰勝了冬天。寒冷和黑暗儘管來吧，雪人說道。冬天永遠不會獲勝。

面對永無止盡的寒冬就是需要這種精神。

◈如何適應

中世紀薩米人（你應該知道他們現代的後裔是挪威、瑞典、芬蘭〔Finland〕和俄羅斯西北部的原住民）在一年四季都是冬天的環境中過得很不錯，謝謝大家的關心。他們找到了定居點，而且只在冬天居住，因為即使是愚蠢的維京人都需要夏天。北歐人在一月和二月必須依賴他們從貿易或早期殖民主義強制徵稅中獲得的薩米人商品。

噢，別忘了，中世紀薩米人去也會去別的地方，通常是在夏天的時候，他們也能應付。到了中世紀晚期，沿海的薩米族群開始從事了新的活動（捕魚！），這讓他們更容易整年留在同一個地方，而斯堪地那維亞內陸的薩米人仍是永夏和永冬的生存高手。

簡而言之，薩米人不管在什麼情況下，都已做好萬全準備。

如何享受

再來談談阿爾卑斯山的冬天。

你得先做出選擇。你要在你的靴子和馬匹的馬蹄鐵底部釘釘子？還是要跟著當地人告訴遊客的做法那樣，在下坡路段中間放一根圓木，跨坐在上面，然後請別人用力推你一把？

的確，中世紀歐洲人知道如何創造驚奇的冬季樂園，而布魯塞爾的雪人博物館只是一個開始。打雪仗在十五世紀的德國相當普遍，普遍到教士把它列為一種罪，或許真正的問題在於教士常常被雪球擊中臉部。

南方的作家似乎有些羨慕薩米人可以穿上滑雪板、為馴鹿套上轡繩，然後享受在天寒地凍中滑雪的樂趣。另一方面，溜冰可說是中世紀荷蘭（Netherland）的國民運動，只不過當時荷蘭還不算一個國家。一場溜冰意外甚至讓斯希丹的李維娜（Lidwina of Schiedam）踏上成為聖人的旅程，所以如果你一開始有點跌跌撞撞，用不著擔心！

你比較需要擔心中世紀中期的冰島和斯堪地那維亞，那裡玩遊戲的規則不是很明確，但大部分都是分成兩隊丟一顆球並互相追逐、全身碰撞。如果冬天的天氣比平常更不好，人們有時會移到室內玩，他們會使用有重量的球來抵禦寒風，所以如果你必須在大廳玩而非空地，最好小心別弄壞傢俱，尤其是女王的傢俱，真不妙！但你可能會遇到更大的問題。十三世紀《埃吉爾薩迦》（*Egil's Saga*）的讀者認為，當敵對的隊伍打起來，最後其中一人頭上插了一把斧頭，這是很有可能發生的事。

希望這個特別的故事能繼續講下去。

◈如何獲利

就讓鄉下人去玩他們的球和斧頭吧。如果你是領主，永無止盡的冬日是你在兩個關鍵領域進一步獨占鰲頭的大好機會。

第一，金錢。一三一五至一三二二年的大饑荒，是法國和神聖羅馬帝國連年歉收的惡果。農民悲痛地看著自己的孩子活活餓死，貴族不滿地看著家家戶戶為了保留一點殘羹剩飯而拖欠小麥和大麥的徵收。但別擔心，貴族想出了一個絕佳的新策略來應付多年來的惡劣天氣：讓農夫用金錢而非作物，繳交稅款或租金。

農夫如果沒有作物可以賣，哪來的錢？這個嘛……那是他們自己的問題，不是嗎？

第二，地位。皮草顯然可以解決禦寒的問題，只是貴了點。所以你（或是國會、市議會）何不立法規範誰可以穿皮草？在中世紀晚期，禁奢法令規定了不同社會階級的穿衣規範，並且在皮草上大做文章：能不能穿皮草、哪一種皮草、衣服哪些地方可以使用皮草。

冬天越寒冷，大家就越想要得到皮草。展現自身優越最好的方法，就是控制哪些人可以穿皮草。假如你處理得當，「那些人」就只會是你。

◈如何適應、享受並獲利

對中世紀早期的西歐農夫來說，冬天有個明顯的好處：戰爭比較少，少很多。國王和領主不會帶著他們無法維持的軍隊打仗，所以沒有人會被徵召，也就不會有士兵劫掠田地、焚燒房屋或做出其他更糟的事。維京人過完夏天的打劫季節後打道回府。就連冬天不算嚴寒的地中海沿岸也得以休養生息，因為冬天的海洋危險多了，所以海盜侵擾的頻率也大幅降低。

不過……維京人改變了這一切。到了九世紀中，他們完善了過冬的技術，在環繞歐洲（愛爾蘭、法國、伊比利半島、法國南部等地）的島嶼和三角洲設立冬季據點。他們調整了生活方式，以適應新的地點，享受不那麼冷的天氣，並從全年掠奪戰利品和奴役受害者中大大獲利。

你會遇到一個小問題：維京人最後了解到，最好別再當維京人，當個平凡的北歐人就好。他們的過冬突襲策略（更別說是整個「維京人」事業）適用於一個冬天，或者幾個冬天，但在永無止盡的冬天就行不通了。

如何獲勝

最終，中世紀有一群人知道如何正確地過冬，就是修士和修女。中世紀修道院根據日出、正午和日落來訂定每天的作息，所以修道院的一天從黎明的團體禱告開始。

換句話說，既然冬天的太陽比較晚升起，我的朋友，你每天都可以睡懶覺。

如何打敗蠻族

進入正題之前，先讓我們釐清一件事。在中世紀地中海周圍的世界，每個人在另一個人眼中都是蠻族。舉例而言，伊斯蘭教在前五百八十年間，阿拉伯作家會說拜占庭的好話，稱它為古羅馬文化和偉大的延續，但希臘人卻是凶狠奸詐的男人，不然就是好色淫蕩的女人。（你期待不同的評語嗎？）

接著發生了十字軍運動。

在一〇九八年，西方基督徒入侵了近東，並在一〇九九年屠殺了耶路撒冷的居民。突然之間，阿拉伯作家對拜占庭基督徒的評價更好了，這真有意思。

還有另一件事需要釐清。不管你是誰，維京人從來都不是好人，請別抹黑所有的北歐人「都是」維京人（即使他們的主要出口貨物之一是焦油）。維京人是北歐人中的一小支，在中世紀一小段期間燒殺擄掠各種族群，包含彼此間互相殘殺。沒錯，中世紀對維京人的恐懼和現代對維京人的渲染，讓八〇〇年至一〇五〇年被稱為「維京時代」，這個時代沒有長久延續，因為維京人漸漸消失了，但斯堪地那維亞南部和冰島仍固執地堅持，還有維京人在此居住。

此外，蠻族除了勇猛、看似邪惡但令人欽佩之外，並沒有什麼文化，而北歐人的文化很豐富！真的，雖然《班達曼那薩迦》（*Bandamanna Saga*）這個書名，比不上《坎特伯雷故事集》（*Canterbury Tales*）或《金字塔的天啟》（*Anwar ‘ulwiy al-ajram fi al-kashf ‘an asrar al-ahram*）來得吸引人，但北歐薩迦在文化上有著重要意義，除了帶給我們「薩迦」這個詞，還有好的文學作品。

中世紀的斯堪地那維亞也創造了一些出色的藝術。經常被稱為凱爾特編結工藝（Celtic knotwork）的交織圖案和抽象動物，在九世紀初愛爾蘭的《凱爾經》（*Book of Kells*）和七二〇年英格蘭的《林迪斯法恩福音書》（*Lindisfarne Gospels*）中最為知名。不過，類似的斯堪地那維亞藝術也顯示出他們對藝術有多重視。噢，你說維京人在七九三年，也就是精美的《林迪斯法恩福音書》問世七十年後，襲擊並摧毀了林迪斯法恩修道院（Lindisfarne Priory）？沒有人是完美的。

嗯，仔細想一想，北歐人在維京時代結束後，也沒有變得比較好。在中世紀中期，有些北歐領主會逐步逼迫北方的薩米人付錢給他們，我們可稱為「保護費」。

所以囉，「維京人從來都不是好人」這句話沒有錯。

下面這個故事告訴你維京人後來的發展，以及為什麼你可以從中借鏡。

由於中世紀歐洲的事件只有在影響到英格蘭或法國才稱得上重要，因此維京時代始於七九三年，此時維京人第一次在愛丁堡（Edinburgh）東南方的英格蘭海岸大肆劫掠，但斯堪地那維亞各個群體並沒有四處作亂。到了八二〇年，打劫大軍深入法國，沿著塞納河（Seine River）往巴黎逼近；八四〇年，他們長驅直入伊比利半島。法國、基督教西班牙（Christian Spain）和安達盧斯的作家會如此恐懼不無道理。（八四二年，維京團體在伊比利半島也歷經了戰敗，但我們先別管這些。蠻族在敗給你之前是不應該戰敗的。）

到了九〇〇年左右，來自挪威和丹麥（Denmark）的北歐團體掠奪了英格蘭和法國的大片地區，使其屈服。突然間，問題變成「誰受夠了？」因為在九一一年左右，一個原本沒沒無聞的維京領袖羅洛（Rollo，八六〇—九三〇）決定和加洛林王朝（Carolingian）的皇帝「正人君子」（真的）查理（Charles the Not-Devious）簽訂條約。這項條約顯然贈予羅洛……已經掌控在他手中的土地，以換取羅洛的保護抵禦。

羅洛的子孫和查理的繼承人也簽訂後續條約，透過政治手段擴張維京人對領土的控制。條約有一部分甚至是改信基督教，維京人最惡名昭彰的就是焚燒掠奪教堂和修道院（可能因為寫下紀錄的人是修士和修女），不過羅洛還是有向教會捐獻金錢和土地。

諾曼第（Normandy）的維京人並沒有變成法國人。（在九一一年，沒有什麼東西可以真的說是「法國」的。）他們對新的子民實施了一些斯堪地那維亞法律，北歐文字也滲透進地方字彙。所以諾曼維京人還是維京人，他們不斷地索取再索取，只不過……他們開始偏好透過政治和通婚的方式進行，並開始在索取之外也給予回饋。簡而言之，他們還是維京人，但跟之前的維京人已經不一樣了。蠻族都不蠻族了。

紅鬍子艾瑞克（Erik the Red）如果地下有知，大概會死不瞑目吧。查理國王平等地對待西歐最凶殘的敵人，也對犯罪的貴族展現善意，最後死在獄中，並被後人稱為「正人君子查理」。但你不得不承認，把你已無法掌控的土地送給蠻族，並說服他們改信你的宗教，是打敗他們的另類策略。

如何智取神燈精靈

現在，你破產了。

旅行是中世紀最貴的活動之一（除了一二五〇年花掉法國歲入三分之一贖回國王的事件之外）。你現在旅行了很長一段時間，所以你破產了。

你不情願地承認，英雄不會為了一己之私偷錢，也從不會在出任務時趁著收成季節，抽出一兩個星期去農場打個工。這就讓你成為神燈精靈的主要誘餌。

你知道這個故事。你找到一盞神燈，神燈裡住著一個精靈，他讓你許三個願望，這個幽魂故意扭曲你的要求，直到你最後變得富有但失去性命。當然，除非你找到方法，讓他給予你認為你想要的東西。

中世紀應該可以幫得上忙。鎮尼（Jinn）是近東民間傳說中歷史悠久的神靈，但大家所熟悉的神燈許願精靈，來自於成功賦予其力量的〈阿拉丁神燈〉（"Ala al-Din, or, the Wonderful Lamp"），這是《一千零一夜》（*1001 Nights*）的故事之一（根本沒那麼多）。《一千零一夜》中，各種故事的文化根源可追溯至古印度，但大部分的內容為中世紀早期阿拉伯世界的創作。

除了〈阿拉丁〉，這個故事到了一七〇〇年代的法國，才出現在《一千零一夜》裡。那個年代的法國有很多特徵，像是麵包短缺和項上人頭很危險，但絕對不是中世紀。

所以如果你想智取神燈精靈，並留住所有的錢又不丟掉小命，那麼除了原本中世紀有關鎮尼的故事之外，你還需要從其他地方找到策略。

◈從其他地方尋求靈感對你有好處

想想中世紀原汁原味《一千零一夜》中的故事——〈懶骨頭阿布穆罕默德〉（"Abu Muhammad high Lazybones"），主人翁偏好的生活方式讓他得到「懶骨頭」的綽號，看看他有多懶。當他需要錢的時候，他把僅有的財物給另一個人，請對方去找一個能讓他大發一筆財的東西。不意外地，那個人找來了偽裝的精靈。阿布的確善用了精靈的力量，而精靈也讓他像哈里發一樣富有。

當然，阿布叫別人幫他發大財之後、跟真的發大財之前的期間，他不得不穿越沙漠、為了救一條白蛇而殺死一條棕蛇、到外太空旅行、掉進海裡、遠航至幾乎靠近中國、造訪傳說中的城市、得到一把魔法劍、偷溜進城市、爬上柱子，並把麝香撒在一隻禿鷹上。此外，他必須和白蛇的幾個家族成員結為朋友，接著利用整個精靈大軍的力量。我們可能寧願想像原版的精靈智取不再懶惰的阿布，即使人類表面上還是贏了。

不過，你得去屠龍，還要拯救一個不知道要不要讓你拯救的公主，你沒有時間成為一個宗教道德故事的主角，宣揚努力奮鬥的價值。

◈策略一：避開神燈精靈

一開始不存在的東西，就沒有必要耗腦力。因此，要是你發現了神燈，趕緊把它熔化掉，拿去賣錢吧。

話說回來，有自尊心的精靈哪會住在一盞大燈裡？如果你運用這項策略，你會活著，但不會一直富有。

◈策略二：保護自己

當你準備要跟精靈談判時，首先在自己的周圍畫一個魔法圈，並唸出保護咒來防止精靈耍詐。

話說回來，有自尊心的精靈怎不會指出你的圓圈其實形狀不太對？有人聽過魔法橢圓形嗎？

◈策略三：許兩個願望就好

精靈只會在你許了三個願望之後，才開始扭曲你說的話，對吧？所以你的策略就是把願望侷限在兩個，並確保自己不會再說出「呃，我希望他停下來」這種話。

話說回來，你的旅伴當中有個吟遊詩人，在某個時間點，你一定會希望他停下來。想像哪個有自尊心的精靈會扭曲這個要求。

◈策略四：以其人之道，還治其人之身

把你跟精靈的交易寫下來，這個點子聽起來很糟糕。你不會希望精靈在一心想扭曲你的話語時，有紀錄可參考，但把你的願望用白紙黑字寫下來，終究還是避免被精靈扭曲話語的簡易方法。在適當的指導下，你可以擬定一份合約，而精靈一定會想辦法扭曲它。只不過，在地獄女王（Empress of Hell）的幫助下，那些話語不會是你的話語。

噢，對了！這時就該提到，中世紀基督教那一位溫柔又慈愛的天主之母，同時也是個揮劍屠魔的勇者。

這麼說並非只是隱喻，她把上帝之子帶到這個世界，他死在十字架上、落入地獄、打敗死亡並復活。不，我說的是實際上的劍和惡魔；聖母斬妖除魔是書籍、戲劇和彩繪玻璃窗的題材，等於是中世紀的漫畫。

為了達到你智取精靈的目的，你可以從瑪利亞拯救西奧菲勒斯（Theophilus）的故事中尋求靈感。這位陷入困境的安納托利亞主教的傳說顯然起源於……安納托利亞，經過了一千五百年之後，以許多不同的形式呈現。我們討論的是中世紀最受歡迎的版本。

西奧菲勒斯是一名主教，或其他教會高層，他突然被解職，失去了影響力和收入。

他後續採取的行動，顯示出他被解職不無道理。西奧菲勒斯為了奪回權力和財富，他召喚了一個惡魔，並把自身僅剩的東西，也就是靈魂，賣給魔鬼。

這個惡魔很狡猾，先讓西奧菲勒斯簽名、蓋章並立下契約，保證會用死後的靈魂來換取人世間的榮華富貴。惡魔就這樣帶著實體文件從泥濘的滑道溜回地獄。

接下來這個故事分成兩種版本。如果說故事的人是教士，西奧菲勒斯立刻陷入精神絕望；如果說故事的人不是教士，那麼西奧菲勒斯會在教會不尋常地快速升官，獲得（並花掉）相應的錢財，然後再陷入精神絕望。

他鼓起勇氣向瑪利亞祈求幫助，因為她是上帝和罪人之間的最終調解者（基本上，就是一位有超能力的聖人）。而慈悲的天主之母瑪利亞自然站在自我譴責的人那一邊，她知道是西奧菲勒斯立下的實體契約鑄成了大錯。簡單來說，西奧菲勒斯的靈魂已經成為在一個實體地點中的實體物品，有實體守衛看守著。

所以瑪利亞，而非她的救世主兒子，親自來到地獄的實體地點，和惡魔大戰一場，並偷回了契約。西奧菲勒斯的靈魂被拯救了，而天上母后獲得了中世紀晚期「地獄女王」的厲害稱號。

當教士說這個故事時，首要教訓的重點在於瑪利亞的身為「調解者」的力量，以及你在絕望時應該向上帝求助；當不是教士的人說這個故事時，重點在於瑪利亞，也就是天上母后、溫柔慈悲之母，拿起一把劍，降入地獄，偷回西奧菲勒斯的契約，然後痛毆惡魔一頓。（再次強調，彩繪玻璃窗是中世紀的漫畫書。）

藉由把願望寫成書面契約的方式，你基本上就能把對方的力量困在一個狹小受限的空間，你把鬥智的戰場從文字遊戲移轉到力氣的比拚。你還是需要跟精靈爭奪文件的所有權，但你是手中有劍的英雄，實際上的打鬥而非文字上的爭論才是你的強項，別讓短命妖怪得逞。即使你身邊沒有地獄女王。

◈策略五：一定要有B計畫

使用書面契約最大的好處是，與英雄為了成功完成任務而必須做的其他事情不同，它有自己內建的退路。

惡魔教會你如何識字，沒錯，但這是有必要的，因為中世紀農夫的識字率幾乎等於零。不過，到了中世紀晚期，官僚文件很普遍，農夫有很多機會簽署各式各樣地主和領主要他們簽的東西；不識字的人無法簽名，而是用「X」取代。

所以當你跟精靈擬定契約時，記得雇用一名抄寫員來寫，而且一定要重拾過去還不識字時的習慣，在簽「名」時簽下大大的粗體字「X」。一個任何人都可能寫下的「X」。現在你甚至不必希望沒有人會認出你的筆跡。

因為這樣的願望可能會非常、非常要不得。

如何找到獨角獸

每個英雄在任務途中，都會遇到失去大部分希望的時刻。不是所有希望。那是更之後的事，而且你需要的不僅僅是好運。但如果你正在失去希望，想要增添一點好運，何不稍微繞點路，尋找看看獨角獸呢？

讓我們先來解決一件事。中世紀基督教神學家非常清楚地表示，獨角獸是強大而狂野的，你找不到牠，但牠會找到你。明確地說，牠會走向處女，並把頭靠在她的大腿上。

但你和旅伴們沒有時間坐下來等待獨角獸，或是設下陷阱嘲笑村裡的惡霸，吹噓自己在性事上的豐功偉業。而你也沒有惡劣到像神學家講述的下一段傳說，也就是溫和的獨角獸在處女的大腿上睡著，然後她引導溫馴又緊緊跟隨的獨角獸來到最近的城堡，讓牠被宰殺。

真的，如果是你找到獨角獸，對大家都好。
你需要記住三個原則，這場狩獵才會有快樂結局。

◈原則一：知道你在找什麼

「Uni-cornus」在拉丁文的意思是「一支角」。的確，拉丁文、阿拉伯文和希伯來文中，有關獨角獸的資料都形容牠是一種長了一支錐形角的動物。不過呢……

西歐的自然哲學家想像獨角獸有著山羊的身體（一定是鬍子的關係）；有些近東作家則把獨角獸描述為早產的小駱駝，牠有角是因為母親在胎兒尚未凝固前就生下牠（中世紀的科學就是這樣，別挑毛病了）；一本希伯來文的小冊子提到，有一種類似公牛的動物，牠的下巴和鼻子上長了一支角（有點像鬍子，但沒有山羊的其他部位）。

動物學的理論先到此為止。你需要問問親眼見過獨角獸的人，那個人就是馬可．波羅（Marco Polo）。

波羅真有其人，而且很有可能如他和他的代筆者魯斯蒂謙（Rusticello）所稱，波羅從義大利旅行到蘇門答臘島（中間還去了其他地方），然後再折返。他在蘇門答臘看到了獨角獸，還認為這種生物很噁心。

根據波羅和魯斯蒂謙的說法，這隻獨角獸幾乎和大象一樣大，醜得像水牛，長了一支又粗又短的角，只喜歡在沼澤和泥巴中打滾。不過，這聽起來像是……犀牛，他在描述一隻犀牛。

又或者說，也有中世紀的作家說，他描述的是犀牛，又稱為「monoceros」，這個詞在希臘文是「一支角」的意思。好吧。

好消息是，貝特朗東建構出來的敘利亞和亞美尼亞山羊就跟你想得一樣，與獨角獸毫不相關；壞消息是，如果你排除波羅的證詞，那就需要其他證據來確保獨角獸真的存在。

原則二：別被假貨騙了

獨角獸的角是中世紀晚期歐洲最炙手可熱的商品，因為謠傳它具有神奇的藥效。搞不好確有其事，你想一想，羅倫佐．梅迪奇（Lorenzo de Medici，一四四九－一四九二）願意花六千弗羅林買一支獨角獸角，他的弟弟就沒有這樣。其弟在二十四歲時被針對羅倫佐的刺客暗殺，他本人則是平靜地死在床上。同時，歐洲君主有足夠的經驗相信獨角獸角具有更實在的功效，將角磨成粉泡來喝，就能中和刺客下的毒。

因此，既然獨角獸並不實際存在於中世紀，但中世紀人相信他們擁有真正的獨角獸角，那麼你就要小心了，別被假貨欺騙。

好啦，粉狀的獨角獸角很容易避免，因為它不是岩石磨成的機會等於零。事實上，由於你是英雄，邪惡大軍會一直想辦法幹掉你，所以這個粉末是毒藥而非解藥的機率為百分之百。

不過，羅倫佐擁有的那個看起來像是獨角獸角的東西。如果你是來自格陵蘭的圖勒捕鯨專家，就會知道這隻角其實來自獨角鯨。

嚴格來說，是獨角鯨的牙齒（真的），它們又細又長，呈現螺旋錐形。換句話說，就像西歐藝術家描繪的獨角獸頭上的角。如果你是圖勒獵人，可以將獨角鯨的長牙賣給北歐商人，相當好賺。

如果你不是圖勒獵人，只要記住一點，在巴芬灣和羅倫佐的佛羅倫斯（Florence）之間，某個人在某個地方買了一支獨角鯨牙，並賣了一支獨角獸角。

（不，你不能是那個人。）

◈原則三：找對地點

話說回來，擁有獨角獸角的羅倫佐・梅迪奇躲過了暗殺，而他吝嗇的弟弟死了。就算這只是安慰劑效應的神奇版本，或許獨角鯨和犀牛也算是很接近獨角獸了。還有一個問題：接近牠們時，最好小心點。特別是當你為了捕捉獨角鯨，而在北極游泳時。

把格陵蘭和蘇門答臘從非暴力狩獵場的名單上劃掉之後，你該看看世界邊緣的其他地方。尤其是一四一四年以後的中國明朝宮廷，當時榜葛剌（Bengal）蘇丹獻給皇帝一隻長頸鹿。

榜葛剌國，也就是未來的印度東北部和孟加拉（Bangladesh）西部，並不以廣闊的非洲大草原而出名。但它的蘇丹煞費苦心（可能去了阿拉伯的皇家動物園，更有可能去了非洲東南部的其中一個史瓦希里城邦）才獲得這個特別的外交貢品獻給中國。

中國熱情接待了榜葛剌，證明一切的努力是值得的。經過了一世紀之後，這隻長頸鹿仍出現中國的奢侈品藝術中，許多貴族還為牠作詩。想瞭解牠為什麼如此受到重視，你可以翻翻《明實錄》，這部書規模龐大，囊括了近三個世紀的中世紀和近代早期的中國史。長頸鹿主要被列為一四一四年榜葛剌貢品清單中的一項，其他還有馬匹、華美布料和地方佳餚。只不過史官沒有使用「祖剌法」這個名稱（也就是阿拉伯文的「zurafa」，意指長頸鹿），他寫的是「麒麟」。

麒麟是中國民間傳說中神祕的吉祥動物（聽起來很熟悉？），有很多種版本（聽起來很熟悉？），但可能包含鹿的身體、馬的腳、牛的尾巴、魚的鱗片……噢，還有一支角

的確，麒麟的名稱沒有指明牠是「獨角」。根據中國古代詩詞上看，這個名稱的字源有「雄為麒、雌為麟」的意義。但從描述來看，牠比犀牛更像獨角獸。

這裡的第一個教訓是，要同情一下被誤會的可憐犀牛（提醒你，同情歸同情，還是要保持安全距離）；第二個教訓是，要知道中國人看到了一種新的動物，並把牠翻譯為一種獨角獸。

他們相信長頸鹿真的是麒麟嗎？還是只是用這種方式去理解一種沒見過的外來動物？

總之，這些問題並不重要（反正資料也沒告訴你答案），你想找的是好運和好的消遣。而你很清楚，中世紀中國的長頸鹿能符合你的需求。

如何挖掘被埋起來的寶藏

一五四四年五月，奧格斯堡。一名高大的女子用劍在土裡畫了一個圓圈，同時一名教士朗讀一本書的內容，並搖動香爐。房子和庭院的主人蕾吉娜·科赫（Regina Koch）很清楚接下來會發生什麼事，她和一個朋友從屋內觀看。女子拿著蠟燭，繞著圓圈走，並把聖水灑在地上。她走到另一處，用劍在土裡畫線，然後在旁邊坐下。

女子拿著她自己的小書朗讀著，重複做出十字架手勢，接著轉向站在她身後的一群男子，告訴他們時機已到。他們唸誦了幾段《聖經》裡的章節，然後開始挖土。

補充一下背景。一五四四年五月的奧格斯堡：當時天主教徒和新教徒分裂，奧格斯堡和其他幾個地方一樣，充斥著對宗教的熱情。只不過這座城市陷入了激烈的女巫恐慌，最終導致一百五十個人被處決。當科赫和她的共謀者被愛管閒事的鄰居出賣給當局時，會有什麼樣可怕的命運等著他們呢？

那名共謀女子是紐倫堡的蘇菲．沃特（Sophia Voit of Nuremberg），她被送回家；科赫被關進監牢但獲得赦免，那群挖土的人則被勒令禁足四到八天。法官可以隨心所欲地譴責這些迷信又邪惡的活動，但要怎麼處罰是另外一回事。

在中世紀世界，有關寶藏的概念介於宗教和魔法、科學和儀式，以及虛幻夢想和墮落靈魂之間的模糊地帶，當然也介於神祕的傳說和純粹的貪婪之間。換句話說，正是一開始讓你想成為英雄的那種東西。

寶藏的誘惑無邊無際，即使對英雄來說也一樣，雖然英雄從來都與純粹的貪婪沾不上邊，也包括你。中產階級寡婦蕾吉娜．科赫，這個和你完全不同的人，她讓巫師在後院挖洞，一夥人說好要分贓；一名從印度遠道而來的航海家，據稱進入了大金字塔搜索金銀財寶，但從來沒找到（這名航海家也跟你完全不同，特別是因為他並非真實人物）；窮困潦倒的人（真人），哀求富有的開羅人贊助他們遠征。

安然住在修道院和伊斯蘭學校（madrasa）的學者也擋不住誘惑。從伊比利半島到埃及的猶太作家，將尋寶手冊的阿拉伯文字母抄寫成希伯來文字母（我有提到當時有尋寶手冊這件事嗎？），英格蘭教士凱頓的羅伯特（Robert of Ketton，一一一〇—一一六〇）將多本占星術尋寶手冊（看見沒？）翻譯成拉丁文，還有埃及貴族雇用不識字的臨時工來幫他們盜金字塔。

我有提到尋寶在中世紀埃及成為了一種有組織的職業嗎？由政府認可的盜墓，在古埃及王朝後期已經相當流行，到了中世紀更是有了新的面貌。十世紀的領袖把它變成一種叫做「尋寶者」的公會，所謂的「公會」意思就是「政府可以收稅」。

對尋寶者來說，古老的寶藏絕對不只有黃金。對那些膽子大到敢打擾死者的人來說，長期被偷盜的墳墓就算只有木乃伊的碎屑也能產生利潤。歐洲基督徒對「木乃伊粉」（mummia）的狂熱，不亞於對遠東香料的熱愛。另一方面，古魔法書能指引你找到數量更為驚人的寶藏。

古老的寶藏也不一定古老，或是被藏起來。所有宗教的埃及菁英，會大方互贈光芒四射的禮物，家裡的展示品更是豐富。這樣難免會招來流言蜚語，討論這麼多金銀珠寶是哪裡來的。

然而，中世紀的尋寶行動成功率很低，死亡率卻很高。即使是對惡魔嗤之以鼻的人，也有可能落入人為陷阱。巴格達懷疑論者阿布·巴克爾·賈薩斯（Abu Bakr al-Jassas）

說了一個神廟和陵墓的故事。那裡的起點由一道樓梯防衛，只要一爬上去，就會透過一系列的槓桿啟動機關，讓隱藏的刀片射出來，砍斷倒楣尋寶者的頭。

因此，當你準備要尋寶時，記得審慎挑選占星工具或魔法護身符。依照伊本．哈吉．提爾姆薩尼．馬格拉比（Ibn Al-Haj Al-Tilmsani al-Maghrabi）的建議，你可以走快速（而且虔誠！）的路徑來穿越可能被詛咒的水域。將《古蘭經》中的特定經文填到魔法表中，一個字一格：「比方說，『試想：如果所有的水都沉入地下，誰能給你流動的水代替它？』」[9]

又或者，如果你真的很虔誠，可以聽從馬格拉比的另一個建議：在你祈禱了四十七天後，並成功對付一個帶著獅子的鬼、一個長著狗頭的人類幽靈和七十個穿綠衣的鬼，你將會看見一座在山頂上發光的白色城市。接著你必須前往位於城堡大門的綠色絲綢帳篷中，找到裡面的黃金寶座。

此時，一個叫陶烏斯（al-Taous）的男人會出現，他的身旁有七十名白衣男子，頭上則有善良與邪惡兩派精靈。將香品遞給他，他會焚燒，再讓白衣男子吃掉。最後，你可以問陶烏斯你想知道的祕密知識，記得用字遣詞要精準：「陶烏斯王啊，我請求你告訴我轉動岩石、打開洞穴和房屋的祕密，以及任何我想要的。」[10]

從那一刻起，每次你唸咒時，這位王就會命令他的善惡精靈，為你打開你想要的東西，只要有香可以餵養它們，你就能擁有這世界上所有被藏起來的東西。只剩下一個問題：代價是什麼？

最有智慧的中世紀學者堅稱，幽靈和惡魔絕對不會被人類的言語所束縛。惡魔讓人們透過咒語，暫時以為自己擁有力量。真正的結果是，將想成為女巫的人，束縛在祂們的意志之下，只要問問那一位在蕾吉娜·科赫的院子裡踏入圓圈的高大女子就知道。大約在那之前的兩百年時，一名西班牙教士進行了自己的儀式，毫不掩飾誰才是真正的老大：「讓他們在土裡畫一個圓圈，對被召喚的惡魔表示尊敬、敬畏或崇拜；把一個男孩放在圓圈裡；在男孩身旁擺一面鏡子、一把劍、一個容器或其他小物體，並由巫師拿著書朗讀，召喚出惡魔。」[11]

---

9 Q67:30, trans. M.A.S. Abdel Haleem's translation from the Oxford World's Classics edition.

10 Okasha El Daly, Egyptology: The Missing Millennium: Ancient Egypt in Medieval Arabic Writings (UCL Press, 2005), 36–37.

11 Michael Bailey, "From Sorcery to Witchcraft: Clerical Conceptions of Magic in the Later Middle Ages," Speculum 76, no. 4 (2001): 972. I discuss the parallel in Cait Stevenson, "The Necromancer, the Inquisitor, and the Hunt for Buried Treasure in the Late Middle Ages," Medieval Studies Research Blog, University of Notre Dame, October 16, 2020, https://sites.nd.edu/manuscript-studies/2020/10/16/the-necromancer-the-inquisitor-and-the-hunt-for-buried-treasure-in-the-late-middle-ages/.

這些畫出魔法陣並唸咒的德國巫師，以為他們會獲得法力、找到寶藏。這名西班牙教士則大方承認施咒者在崇拜惡魔。

所以在你開始挖寶之前，問問自己：那天在蕾吉娜·科赫的後院裡發生了什麼事？你真的準備好要找出答案了嗎？

如何滅火

西元四六四年，據說一位老婦人掉了一根蠟燭，燒毀了君士坦丁堡的大片土地。五三二年，一場雙輪戰車競技引發暴動，再度燒毀了君士坦丁堡的大片土地。一二〇三年和一二〇四年，一連串的火災燒毀了君士坦丁堡不到三分之一的土地，但讓拉丁入侵者征服了整座城市。

當然，火災本身是不必要的。在中世紀，不能隨意使用明火，但只要一隻英格蘭雞把蠟燭踢到再普通不過的稻草堆上，在那一晚，古老小鎮就會被燒得雞飛狗跳。

除非中世紀人想辦法預防。

他們也這麼做了，而你也會照做。

幸好，他們留下來的救火教學，看起來很熟悉。

◈ 宵禁的好處

寒冷不算什麼。你曾經因為晚上不得不熄燈睡覺，而感到惱怒嗎？聖女艾格妮絲．布蘭貝金（Agnes Blannbekin，逝世於一三一六年）就是如此，但她還是乖乖遵守了維也納的宵禁。中世紀法文和英文「cuevre-feu」，意指你必須在晚上的某個時間點「蓋住火」，不能讓明火無人看管。

◈ 區域劃分

一名鐵匠把打鐵工作坊開在一名木匠的木頭傢俱行隔壁，這不太妙。從城市的街道名稱可以看得出來，從前同業的工匠會聚集在一起。伊斯蘭神學家非常希望這些區域能有法律規範，但神學家不是管理城市運作的人。有些行業比較容易聚集，但大部分的人最後會把自己重新劃分成富有和貧窮的社區。因此，到了一五〇〇年，你會看到奧格斯堡的「麵包師傅巷」，其中有三分之一的店家是釀造或販售啤酒的。

◈建築法規

「整條街都起火了！」你聽見有人這麼說，應該會想像一排燒起來的建築物，不是這樣的。在中世紀歐洲，它指的可能是字面上的街道起火，尤其是使用木條鋪路的城鎮。一座挪威的城市在一四七六年學到了慘痛的教訓後，開始把碎石鋪在木頭街道上。而大馬士革為了應對內部威脅，要求建築物都要有石造煙囪，政府甚至願意出資用石頭圍住並覆蓋主要的市場。

同時，許多歐洲人用茅草蓋屋頂，據稱絕對不會著火。

◈滅火器

基本上，中世紀任何地方都要求民眾隨時在門邊放一桶水。鐵匠店最容易起火，而木匠店最容易著火，因此開羅在一三二一年規定這些店家必須放兩桶水。

要是桶子沒水了，絕望的居民也只能祈禱。四六四年在君士坦丁堡的大火中，希臘基督徒哀求上帝原諒他們忽略了主保聖人；開羅的市民逃到清真寺，爬上尖塔，呼喊神的幫助。

◈ 遏止火災蔓延

一間房子著火可能沒救，但你或許有時間保護隔壁的房子。在中世紀晚期，紐倫堡的民眾會爬上梯子，拿水桶潑向失火建築物的上層和底層，但這是最理想的狀況。更常見的是，像大馬士革的居民會試圖拆除蘆葦屋頂，從英格蘭到衣索比亞的人，有時則會把整間房子都拆毀，不管許多房子堅固到足以支撐數百年。

◈ 消防員

中世紀城市的一場火災，會很快地演變成整個中世紀城市都燒起來。在中世紀大部分的時間和大部分的地方，能不能擔任消防員，意味著你在火災當下必須決定「我今天不希望我的房子燒毀」或「也許我今天應該拿著家當趕快跑」。（巴格達的學者在一一一七年拯救了他們的圖書館，是真正的英雄。）

敘利亞和義大利的城市有年輕男子自己組團（幫派？），在火災發生時可能會動員救火，又或許他們會被怪罪為肇事元兇。這些人是青少年反叛分子，還是政治色彩強烈的民兵部隊？後世的作家各有不同見解。

到了一四〇〇年代，德國的城市有了重大的進步。紐倫堡將八個區（……這座城市擴張了不少）再細分成消防和防禦單位，地方指揮官會為每一名健全男子指派在火災時擔任的特定角色。城市會提供獎賞給最早出現的民眾和單位，這大概是這個系統會成功的原因。

◈ 水

中世紀的水利工程……其實相當發達。在德國山頂上沒有流動水源的城堡，挖掘了深到不可思議的井，並為地下水庫發展出早期的過濾系統。義大利丘陵地帶的城市學會水平挖掘周圍的山坡，不必把水抽到山上就能使用地下蓄水層。

城市擴張代表有更大的區域需要用水，由稅收資助的水管工程就是一個絕佳的解決方法。幾個歐洲最古老的城市，甚至還留有羅馬時代仍可堪用的管道系統。同時，葉門、敘利亞和西班牙的穆斯林工程師正忙著發明新的灌溉系統，它們也可以用於城市供水。不過人們還是喜歡自己挖井，但到了一二〇〇年代，所有現代城鎮都希望能有鉛管、黏土管或木管線路。

◈ 消防栓

常言道：「乞丐別無選擇。」紐倫堡的低下階層勞工，代替有錢人成為消防隊員，這句話完全是他們的寫照，在用水方面也是如此。公共浴場必須供水（水療服務還行嗎？）；井很有用，但速度太慢。佛萊堡（Freiburg im Breisgau）和蘇黎世（Zurich）特別鼓勵使用髒水來滅火。

但最棒的還是噴泉。

的確，在中世紀文獻中，「噴泉」（fountain）指的可能只是一條排入某種通道的管子。而這種水管和更大的噴泉一樣有用，也用於滅火。不過，錫耶納市（Siena）在一三四三年舉辦了盛大慶典，並非是因為一條水管有了新水箱，居民慶祝的是廣場上華麗噴泉的完工，這個噴泉有一段時間甚至還裝飾著一尊古老的維納斯雕像。德國的戈斯拉爾（Goslar）在十二世紀噴泉頂部加上一隻青銅老鷹，老鷹在羅馬和中世紀是力量、帝國與復興的象徵。亞琛的宮殿則有一座以青銅松果為造型的漂亮噴泉，松果實際上是羅馬和中世紀的第二個復興象徵。但你會注意到，皇帝總是選擇象徵性的老鷹。

◈ 消防水帶和消防車

不管來源是什麼，基本上有兩種方法可以取得足夠的水來滅火。你可以把水桶放在推車上，或是自己扛。（還記得剛才說過，紐倫堡的富人付錢給窮人，讓他們代勞嗎？就是這樣。）

◈ 水球

是的，梯子在滅火時有它的必要之處；是的，桶子很好用，而且可以重複裝水。但你難道不會想要將陶罐裝滿水，砸向著火的房子，並看著它粉碎？一定會。

◈ 災難過後

當人們看著整個街區陷入火海，或拼命想阻止火災蔓延時，松果的這個異教象徵可能沒有被放在心上。隔天當他們因為失去一切而哭喊，議論紛紛是誰引起這場火災（絕對是老婦人或猶太人），以及抱怨強盜趁亂打劫（這年頭的孩子）時，大概也一樣。

但到了一三五〇年代，紐倫堡有個一三四〇年被大火燒毀而沒人敢接近的區域，政府把當地的猶太人驅趕到那裡。結果呢？一個有著潔食肉舖的繁榮社區就此發展起來。

想一想你手上的蘋果。「亞當和夏娃偷吃蘋果，使世界充滿邪惡」的確帶來了一些小問題，但蘋果體積小，可以久放，適合旅行攜帶，做成派也很好吃。如果你把蘋果從城市裡的果樹上摘下來，這棵樹很有可能就是從火燒屋的灰燼中長出來的。就算一時被火摧毀，也不會永遠被擊敗。

如何找回古老神祇

傳奇盜墓者里德萬．法拉斯（Ridwan al-Farras）跟你一樣明白一個道理：死得越透的神，是越厲害的神。

任何神祇的實際存在，或特定宗教的正確性，在這裡都無關緊要，當代宗教就是你村子裡的人所信仰的。更糟的是，那些是你父母所深信的，但英雄不能隨波逐流。英雄會接觸過去的祕密，接觸那些被宗教摧毀、被人們拋下的棄神，接觸更深刻的真理，那些是比你的時代所相信的任何東西都還要強大（或更酷）的深刻真理。一個真正的英雄任務會喚醒奧妙的神祇，並把祂們的力量交到英雄手中。

故事通常都是這樣的，對吧？

當法拉斯和他的朋友們越過門檻，進入涼爽黑暗的吉薩（Giza）大金字塔時，一定知道這件事，至少法拉斯知道。一行人在金字塔中遍尋不著黃金，只好放棄，回到人世。但法拉斯留下了，他一個人繼續前進，火炬在大金字塔狹窄的通道裡閃爍著。其他友人聽到他的最後聲音是淒厲的尖叫。

直到他從牆上現身，被紅光籠罩。

他用一種他不會說的語言，也就是金字塔建造者的語言，大吼著警告他們不准再前進一步，否則所有打擾金字塔安寧的人，都將一起受到萬劫不復的懲罰。接著他慢慢沉入地面，從此消失了蹤影。

你還是堅持要找回古老神祇？別說我沒警告你。

◈策略一：利用金字塔

金字塔是古代人還是超自然力量修建的？不管答案是什麼，法蒂瑪王朝（九〇九—一一七一）都很積極地善加利用。這些勢力龐大的穆斯林統治者在開羅建立新首都，和吉薩及它的遺跡隔著一條河。他們選擇在偉大金字塔的陰影下進行統治，坐擁過去所有魔法、寶藏和隱藏的智慧。法蒂瑪哈里發和他們的繼承人讓古老神祇起死回生，但目的只是為了加強自己的威嚴。

幾個統治者對於「加強威嚴」有更具創意的定義。阿布．哈桑．穆尼斯（Abu'l Hasan Mu'nis，逝世於九三三年）提供賞金給第一個爬到大金字塔頂端的人；兩百年後，法蒂瑪政府在吉薩金字塔群周圍舉辦大規模夜間派對；再過一世紀，馬利克．卡米爾（al-Malik al-Kamil）又將活動升級，他舉辦了爬金字塔大賽，再加上盛大派對。這些統治者顯然了解，法拉斯的可憐故事，只不過是長久以來被詛咒的埃及木乃伊和陵墓迷信的一部分。

另一方面，所有哈里發都知道，一定要利用尼羅河（Nile River）把他們的宮殿和吉薩安全地隔開。舉辦派對和躲在河川另一邊，是讓古老神祇既有存在感又不至於醒來的兩個好方法。

後代王朝的領導者對法蒂瑪哈里發的做法嗤之以鼻。他們會說，要找回古老神祇是不可能的，別浪費力氣了。這些領導者認為自己的威嚴勝過金字塔，並拆下金字塔的石頭，用於其他建築工程。偉大的蘇丹和將軍薩拉丁（Saladin，一一三八－一一九三）因為具有騎士和慈善精神而備受人民愛戴（甚至是被他打敗的基督教十字軍）。他下令摧毀吉薩的幾個小金字塔，利用它們的石頭比自己挖來得簡單又便宜，後來的領導者也如法炮製。過去讓吉薩的遊客大為驚艷的宏偉石牆，如今被一個個貪婪的統治者一塊塊拆除。

不過，不論外來人如何搞破壞，金字塔還是撐住了。薩拉丁的親生兒子據說花了八個月和一萬二千第納爾（dinar），試圖有樣學樣地拆掉吉薩僅存的一座小金字塔，結果徹底失敗。

搞破壞不是一個找回古老神祇的好方法。

◈策略二：離得遠遠的

派對、掠奪、尋寶者在裡面搜刮；塗鴉藝術家在外面亂刻。還有更糟的嗎？鬼故事。還有鬼故事呢！開羅人每天講這些故事嚇唬彼此，像是由金色神像看守的密室、被封在七扇寶門後方的墳墓，還有刻著天書的牆，它洩露了世界上所有的祕密。

來訪的猶太教徒和基督徒借用了當地的傳統，並加入了自己的傳說。《曼德維爾遊記》（*The Travels of John Mandeville*）是中世紀歐洲最暢銷的旅遊書，它提醒讀者，金字塔是《聖經》英雄約瑟（Joseph）建造的儲物設施「筒倉」。（有個小問題，約翰．曼德維爾（John Mandeville）可能不是真人，所以他可能沒去過埃及。）

然而，真正的作者，帶著所謂的騎士敘事者可信度，表示：「有些人說，金字塔是偉大君主的墳墓，他們曾經活過。」他補充說，那些墳墓有滿滿的蛇。這就是了，一定要有蛇，還有什麼比邪惡爬行生物看守的古墓更能吸引住讀者呢？

撰寫同人小說，要麼是找回古老神祇並控制祂們的好方法，要麼是連嘗試都別去試的更好理由。

◈策略三：解說金字塔

冒險故事很棒，沒錯。但中世紀世界各地還有不少非虛構的旅人，他們真的去了埃及並看見金字塔，也有很多話要說。

他們的作品可以讓我們一窺伊斯蘭教、猶太教、基督教、印度教和柏柏爾原住民信仰以外的朦朧世界，也就是超自然力量的難解領域。根據遊客的描述，吉薩和薩卡拉（Saqqara）的金字塔大得不可思議，是世界上最了不起的奇景。顯然金字塔建造者也蓋了吉薩的獅身人面像，它一定是某種神像，用來阻擋不斷侵蝕吞噬的沙漠。

但旅遊作家終究還是揭開了那一層神祕面紗。他們多數人異口同聲地認為，金字塔其實是筒倉，在《塔納赫》（*Tanakh*）、《聖經》和《古蘭經》都有提到過，用來儲備穀物，為饑荒做準備。穆斯林旅人堅稱，金字塔外牆那些詭異難解的碑文，只是用了不同的字母來解釋伊斯蘭教。

有些教育程度高一點的遊客，會宣傳金字塔是為（真的）亞里斯多德（Aristotle）和亞歷山大大帝（Alexander the Great）所蓋的陵墓。十五世紀的義大利拉比米書蘭・梅納赫姆（Meshullam ben Menahem）大膽地聲稱，金字塔是藏寶庫。他解釋說，因為他可以在開羅的街上買到金字塔的紀念品（或偽造的紀念品）。

無論如何，前來造訪的遊客，每個人對金字塔提出了一番解釋。以某種角度來看，神祕的遺跡只不過是他們歷史、宗教、舒適世界的一部分，不必去煩惱古老神祇的事。

有一本書（真的）叫做《揭開金字塔祕密的崇高之光》（*Lights Lofty of Form in Revealing the Secrets of the Pyramids*）[12]，而且名符其實。這本書的作者阿布・賈法爾・伊德里西（Abu Ja'far al-Idrisi，逝世於一二五一年）對「約瑟建造筒倉」的故事感到不以為然，也對亞里斯多德下令為亞歷山大和他自己蓋金字塔的理論抱持著懷疑態度。

伊德里西更相信另一種理論：金字塔保存了能躲過災難的古老智慧。奧妙的智慧加上末日的災難，聽起來已經很符合「揭開祕密的崇高之光」。還有更精采的。金字塔由古代巴比倫（Babylonian）的智者、集所有知識於一身的赫米斯・崔斯莫吉斯堤斯（Hermes

Trismegistus）下令建造。除了早已失傳的智慧，這些難以辨識的文字還能隱藏什麼祕密？以及為什麼選擇石造金字塔，難道建造者希望它們能逃過大災難？比擊沉不了挪亞方舟的大洪水還要更嚴重的災難嗎？

不過，即使是像《揭開金字塔祕密的崇高之光》這樣的著作，也不太算是文化挪用的讀物，而比較偏向神學論述。早在伊德里西之前，穆斯林神學家就已經把神話中的赫米斯．崔斯莫吉斯堤斯變成《古蘭經》裡穆罕默德的祖先（雖然用的是不同名字）。他很特別，但也只是個宗教人物。崔斯莫吉斯堤斯擁有的神祕知識是占星術和煉金術，看起來充滿奧祕，但其實也只是兩種常見的中世紀科學。《揭開金字塔祕密》是一本令人印象深刻並具獨創性的書，但也只是世俗的教誨。

教科書是找回古老神祇的無聊方法，就算書名很炫也一樣。

12 The title as translated by Martyn Smith, "Pyramids in the Medieval Islamic Landscape: Perceptions and Narratives," Journal of the American Research Center in Egypt 43 (2007): 1.

◈策略四：別解說金字塔

不過，還有另一個理論在流傳，是伊德里西試圖掩蓋的，而很多人連提都不敢提的。這個理論與伊德里西的看法有一點不謀而合，那就是金字塔可以、而且一定會屹立不搖，直至世界末日。

另一方面，這個理論用不著占星術、煉金術或任何化名的崔斯莫吉斯提斯。它表示，我們永遠都不會知道金字塔建造者的祕密，或是他們擁有的知識。我們也永遠不會知道他們是誰，即使留下了如此輝煌的遺跡，這些建造者還是消失了。

這就是為什麼中世紀人在金字塔開派對、掠奪金字塔，並解釋金字塔並非由不知名的神或人創造的原因。偉大的遺跡矗立至今，見證了人類的專業知識、技術和榮耀。它們展現了中世紀作家在自己的時代從未見過的高超技藝。

然而，建造出世界奇觀之最的人類，還是消失得無影無蹤。那些勇於創造不朽之作的人類，仍然化為烏有。在靜默之中，金字塔無聲地宣告：「你一樣也會化為烏有。」

贏得戰爭

中世紀的王權爭奪

5

如何點燃烽火

在羅格瓦爾德伯爵（Earl Rognvald）的時代，當維京人逼近蘇格蘭海岸時，奧克尼（Orkney）的人民沒有絲毫遲疑。地平線上閃爍的火光在一個個島嶼上跳躍，它們發出警告的速度遠比任何船舶或飛鴿來得快。訊息不斷地由火焰和煙霧傳遞下去，直到所有人都處於警戒狀態。

噢，沒錯，中世紀人使用烽火求援。難道你不會嗎？烽火是中世紀歐洲崇尚的傳奇過往，據說被用來通報足以摧毀世界的事件，像是特洛伊城（Troy）的陷落。事實上，烽火在中世紀極為重要，歐洲人想盡辦法教導像你這樣的英雄（或更實際來說——英雄的幫手，例如：你的旅伴）如何點燃烽火，警告人們大難即將臨頭。

◈語言學（沒開玩笑）

在中世紀早期，各個英格蘭王國可能沒意識到一件事——他們在祖先的墳上點燃了烽火。你說過去鐵器時代（Iron Age）的人類建造平頂的土丘作為墳塚？以及撒克遜人（Saxon）也在後羅馬時代（post-Roman）把它們當作墓地？沒錯！以古英語「瞭望臺」（lookout）字詞為基礎的地名看似隨機分布，其實不然，你可以把它們排成連接麥西亞（Mercia）或威塞克斯（Wessex）定居點的鏈條。實驗更是顯示出，它們彼此之間的確可以看見火焰和煙霧。

◈法律

亞拉岡、葡萄牙和所有在西班牙邊界上打得如火如荼的王國，很快地建立了兩個征服的基本規則。占有土地的最佳方法是讓人們移居此地，而竊取土地的最佳方法是殺死或奴役人們。移居的人們了解到，烽火能降低他們被殺死或奴役的機率。十一至十三世紀的城鎮法律有越來越明確的指示，針對人們在看見騎著馬的傳令員帶來威脅城鎮或城堡的消息時，至少該做些什麼。

你是城鎮的看守人？很好，在瞭望臺頂端點燃烽火，並確保教堂把鐘敲響。一名普通的村民看見了烽火？如果你動作夠快，能及時趕到城門，搞不好還有空間可以容納你的家畜。但最倒楣的人，就得在二十四小時內帶著武器到最近的城鎮或民兵部隊報到，面臨著死亡的風險；而且二十四小時……有時是十二小時。

因此，如果有人跑進你的庭院，大喊著亞拉岡的烽火被點燃了，你最好抓起劍就跑。

◈編年史

中世紀編年史作家以講述他們戰勝水上威脅的事蹟而自豪，但可信度……嗯……不好說。（內行人的訣竅：提供地名會讓你的敘述看起來可靠一點。）查理曼大帝的孫子隨口提起，他聰明絕頂的祖父在塞納河沿岸設置烽火臺，所以警訊能比船隻更早抵達巴黎。一個不確定是不是叫厄努爾（Ernoul）的男人，也不確定他是不是親眼目睹，但他描述十字軍國家有真正的烽火網絡，從大馬士革呈放射狀向外擴展，直到整片土地都被喚醒。

或是先把編年史放一邊，來看看拜占庭的軍事手冊。有些很老派又重理論，但有些談到十世紀的烽火串聯，從北邊的君士坦丁堡往南延伸數百哩至敘利亞邊界附近的托羅斯山脈（Taurus Mountains）；考古學家有證據顯示這個烽火系統的確存在。

◈抱怨

在英格蘭國王愛德華三世（Edward III）在位期間（一三二七－一三七七），那些實際上必須「坐在塔上」的人就跟你一樣興奮。信函、規章和其他用羊皮紙書寫的文件不斷往返，試圖確保烽火有人去點燃。

對啦，你只需要四、五或六個人運作一座沿海烽火臺。反應部隊只需要看得見烽火就行。噢，木柴濕了？那不是藉口，改用瀝青作為燃料吧。

不，有黑死病在傳播，不代表你就能待在家。是的，你們所有人都會被徵召，只要法國人來犯，你就必須搬到海岸附近（不管法國海軍有多糟）。

但真正對沿海烽火系統有所抱怨的（也是它存在的鐵證），來自於你猜想得到的地方，也就是必須資助它的人，所有不得不資助的人。舉例而言，坎特伯雷版的「別叫我們繳錢」；德文（Devon）版的「別叫我們繳錢」；肯特（Kent）、薩塞克斯（Sussex）、布特萊（Budleigh）、薩里（Surrey）和國會版的「別叫我們繳錢」。很顯然地，英格蘭真正的問題是有代表性的徵稅。

‡

當然，就算你不是那些必須日復一日緊盯著同一片空曠海洋的人，烽火系統還是有它的缺點。北歐薩迦的作者們寫的故事介於歷史和傳說之間，他們也想像了很多有關烽火的情節。這些故事中的角色精心策畫假警報，或遇到維京人使詐以及普通漁船觸發的假警報。接著他們兵刃相接，爭吵著誰要為假警報負責。

其他可能發生的問題：像是木柴用完了，但你沒時間補充；或是木柴用完了，但你沒錢補充；又或者還有木柴可以用，但搞破壞的敵人把水潑在所有可用的木柴上，讓它們燒不起來。一名薩迦作者試圖解釋一場維京人入侵的原因，他堅稱烽火臺的守衛太專注於觀察東邊地平線是否有火災，以至於……忘了查看西邊的動靜。

有時在搞破壞的是天地萬物。一三四六年十二月，愛德華三世放棄了，把所有人都送回家，原因在於……簡單來說，英格蘭的天氣實在是太糟了。

如何拯救公主

◈公主

由於真正的公主對於自己需不需要拯救（以及願不願意被「你」拯救），往往有自己的想法，因此你可能得多方尋求不同的建議。聽好了。

我們先從你不太需要的建議慢慢講起。在中世紀，你最去不得的地方就是拜占庭宮廷。第一個勸世故事中的歐芙洛西妮（Euphrosyne）公主就是出生在拜占庭宮廷。

她的母親瑪麗亞比較像是典型的童話公主，瑪麗亞的父親來自安納托利亞北部的鄉村地區，心地善良但笨手笨腳。在七八八年，她（據說）因為美貌被選中前往帝國首都君士坦丁堡，（據說）為了一爭君士坦丁六世（Emperor Constantine VI）的青睞。

君士坦丁先前已經與查理曼大帝的女兒訂婚（對，就是那位查理曼大帝）。不過，他（又或許是他的母親伊琳娜〔Irene〕）反而選擇了一個來自落後省分、名不見經傳的貴族女兒。這對皇室夫婦很快地有了兩個女兒，歐芙洛西妮和她的妹妹，也叫伊琳娜。

不幸的是，身為皇帝的君士坦丁六世，有幾個亮點：

◊ 輸掉一堆戰爭。
◊ 必須弄瞎和閹割政敵才得以保住王位。
◊ 休掉妻子瑪麗亞，並將她與兩個女兒流放。
◊ 娶了情婦。
◊ 被親生母親弄瞎並廢位。
◊ 被唾棄到沒人記錄他在哪一年死亡。

拜占庭的宮廷政治不是開玩笑的。

瑪麗亞的迷人白馬王子，原來一點也不迷人，在七九五年，她帶著兩名稚齡女兒，不情願地被流放到一座小島修道院：這是個真正的童話故事，但結局不是從此幸福快樂的。現在把焦點移到瑪麗亞和君士坦丁的大女兒，也就是我們真正的女主角——歐芙洛西妮公主。

先來看幾個事件：

◇君士坦丁的母親將親生兒子弄瞎、罷黜並流放。
◇（提醒你，當時並沒有麻醉技術）。
◇尼基弗魯斯（Nikephoros）將伊琳娜女皇罷黜並流放。
◇尼基弗魯斯皇帝平定一場政變。
◇尼基弗魯斯皇帝某天在戰場上失去頭顱。
◇（話說回來，有時麻醉也沒什麼用）。
◇斯陶拉基奧斯（Staurakios）繼承王位，在位整整兩個月。
◇米海爾一世（Michael I）罷黜、流放並可能暗殺斯陶拉基奧斯皇帝。
◇利奧五世（Leo V）罷黜並流放米海爾一世，後者保有雙眼和內臟。
◇為了避免叛亂，利奧五世皇帝將米海爾一世的兒子們都閹割了。
◇（但有時你眞的希望能被麻醉）。

利奧五世還有一項事蹟，他認為自己的軍事長才足以讓基督教本身改頭換面，一夜之間把一大群高階拜占庭人變成了異端分子。這是題外話。

時間來到八二〇年。皇帝都已經更迭五任了，前皇后瑪麗亞還被關在修道院裡，她忿忿不平。二十五歲的歐芙洛西妮公主，幾乎一輩子的時間都生活在修道院。

現在公主已經準備好要被拯救了。這中間歷經了五任皇帝、一任女皇和兩個企圖當皇帝的人。

◈王子

由於這是一個和童話完全相反的故事，因此未來的米海爾二世（Michael II，七七〇—八二九）可能一開始是一個沒有受過教育的鄉下人。更妙的是，他可能出生在一個鄙視聖像崇拜者和聖像破壞者的教派中。（他們經過一番努力，卻得到此待遇，並沒有給信徒帶來好的後果。）

故事是這樣展開的，米海爾加入拜占庭軍隊，只因為這是家族義務。他有語言障礙，沒有接受正式教育，跟政治仕途更是沾不上邊。但這些差勁的條件，都沒有阻礙他展現驍勇善戰的一面。到了七九〇年代，他在大將軍利奧的監督下，軍事地位不斷晉升。

自然而然地，米海爾和利奧決定合夥大鬧拜占庭宮廷政治。不過，這對親密戰友，不知用了什麼辦法，竟然在十多年的帝國鬥爭中安然倖存。你應該猜得到之後的故事發展。在八一三年，利奧登基成為利奧五世皇帝，立下繼承規則，並拔擢米海爾，讓他擔任最高階的要職之一。米海爾此刻還沒有準備好要拯救任何人，但又更進了一步。

在八二〇年，這對師徒溫馨感人的故事，最終還是走向你所預期的血腥悲劇。米海爾花了數年的時間，在利奧背後偷偷壯大自己的軍事勢力，直到八二〇年的最後幾個月，利奧才發現了這件事，把他關進那種一進去就出不來的監獄裡。

結果利奧還是被謀殺了，偏偏是他最親愛的妻子希奧朵西亞（Theodosia），有意或無意間導致丈夫的死亡。她先說服了利奧延緩處決米海爾，讓米海爾的黨羽有可趁之機，先殺掉皇帝；地點就在一間教堂裡，當時正在舉行禮拜，而且那天是聖誕節。不管是不是希奧朵西亞策畫了這一場謀殺，最後都讓米海爾得到了皇帝寶座作為聖誕禮物。他感謝希奧朵西亞的方式，就是將她與利奧的兒子們閹割並流放，而不是閹割並處決。

時間從八二〇年來到八二一年。公主已經等待被拯救一陣子了，而有一位即將呼之欲出的白馬王子能夠拯救她。

◈不，還不是時候

米海爾的王朝於悲劇中誕生、淚水中成長，因為這是拜占庭。他從軍時結交的另一個朋友也在利奧背後集結了自己的支持者，當米海爾在帝國首都君士坦丁堡（它很重要，但也只是一個城市）壯大勢力時，托馬斯（Thomas）則在安納托利亞進行同樣的行動。

而他們兩個也不打算簽訂某種聖誕條約，來打破王位鬥爭的血腥循環。托馬斯對君士坦丁堡進行了圍攻，米海爾叫了保加利亞（Bulgarian）人來幫忙。安納托利亞人在戰場上打敗了保加利亞人，但最後保加利亞人成為真正的贏家，因為托馬斯在八二三年去世了。

不過，被圍困的君士坦丁堡內部的情況並沒有比外面好，因為這是拜占庭。米海爾戴上王冠時已經五十歲，因此他和大部分這個年紀的拜占庭男人一樣，早就娶妻生子。

在八二三年，米海爾監督了前戰友的處決後，精疲力盡地爬上床，醒來時發現妻子已沒了氣息。

◈拯救行動

你應該還記得，利奧五世讓自己和整個拜占庭宗教體制都變成異端分子，後來他在一個宗教節日裡於教堂慘遭殺害。米海爾和他的盟友們從中學到了教訓，他們決定只違反教會的小規則，希望上帝別太計較。或者更確切地說，他們希望有人代替他們違反教會規則。因為以下三個事實：

◊修女們發誓要永遠守住貞操，並住在修道院裡。
◊歐芙洛西妮公主是一名修女。
◊娶一位公主能使米海爾的權力合法化。

從歷史上來看，第三點並不正確，因為這是拜占庭宮廷，所謂合法的權力只不過是看法的問題。然而，與看法無關，歐芙洛西妮的確離開了修道院，在八二三年或八二四年與米海爾結婚。

對你來說可惜的是，我們不知道米海爾是怎麼做到的。歐芙洛西妮本來是被關在修道院裡的公主，後來變成了皇后。文獻資料只告訴我們這麼多，你很難如法炮製……這對米海爾的名聲是好事一件，因為他很有可能買通了女修道院院長。我的意思是，他捐了錢給修道院。是捐獻啦。

了不起的救援行動。

◈從此過著幸福快樂的日子

拜占庭能有幸福快樂的結局嗎？

歐芙洛西妮再也沒有回到當初被流放、待了二十年的修道院。米海爾統治了帝國九年左右，這段期間她一直在他身邊。這對皇帝皇后膝下無子，所以除了前皇后生的獨生子西奧菲洛斯（Theophilos）之外，沒有第二個有繼承權的兒子來搶奪王位。事實上，這一家三口似乎相處得很融洽。歐芙洛西妮可能協助促成了繼子與一名鄉下貴族女子希奧朵拉（Theodora）的婚姻，若非如此，沒有父親的認可，西奧菲洛斯娶不了這個妻子。

米海爾將近六十歲時，於八二九年死亡，西奧菲洛斯和平地繼承了王位。

真的。

西奧菲洛斯在位將近十三年，才病逝於宮殿中，希奧朵拉一直都在他身邊。丈夫死後，希奧朵拉以攝政王的身分進行實質上的統治，成為拜占庭歷史上最有權勢的女人之一。

你想得到拯救公主的建議?米海爾二世被控叛國罪、被關進監牢、差點被謀殺、駁回指控、反過來謀殺皇帝、奪取王位、開啟自己的王朝,然後才拯救公主。

對一個有障礙的鄉下孩子來說,算是發展得很不錯了。

公主自救

你已經走了這麼遠的路，還沒有開始想念風光明媚的家鄉嗎？你會不會希望那名神祕的陌生人沒有慫恿你順從天命，打擊邪惡勢力？還記得撒旦教會你認字嗎？還有莫里尼的約翰試圖告訴你，不被超自然邪惡大軍追殺，總比識字好？還好你不同意，因為現在是一四八九年，你正站在雷根斯堡（Regensburg），為了賺急用的錢，當了一間印刷廠老闆的奴工。你一定感到有點煩躁，之所以想到這個方法，是根據小報上的祕辛來調整任務內容，這是件好事。奧地利的庫妮古德（Kunigunde of Austria），也就是神聖羅馬皇帝的女兒，她從一四六五年出生以來就是熱門八卦的題材；尤其兩年前，庫妮古德嫁給了巴伐利亞的阿爾布雷希特公爵（Duke Albrecht of Bavaria）後，夫婦倆更具話題。小報對公爵的居心不良發出了警訊。看來英雄該出馬了，有個公主需要你拯救。

關於公主的婚姻

有趣的是，當初米海爾二世輕輕鬆鬆地就娶到了公主。他所要做的，僅是發動一場政變，再鎮壓個幾場就行。很多時候，歐洲的公主是找不到白馬王子的，原因很簡單：亂倫。

為子女安排政治聯姻，對中世紀菁英來說是一項絕佳策略。嫁妝和聘金的交換，在經濟上有利可圖，但你不能為所欲為。中世紀早期，西方教會嚴格規定哪種程度的親緣關係，在上帝（或教會聲稱的上帝）眼中算是亂倫。當然，作弊行為很猖獗，特別是在如果一段婚姻失去了政治上的利用價值，這給了家族和教會一個宣布婚姻無效的藉口。然而，到了十世紀，歐洲皇室家族能為子女找到門當戶對的對象選擇越來越少。

這對王子來說沒差，他們可以把配偶帶進家族，同時保持自己的身分。公主就不是這麼一回事了，她們必須加入對方的家族。庫妮古德是皇帝唯一的掌上明珠，也是歐洲身價最高的新娘之一，因此她別無選擇，只能下嫁地位比她低的對象。

不過，對這一位公主而言，無可避免地紆尊降貴，僅僅是婚姻帶來的最小問題。

關於庫妮古德的婚姻

在一四八六年，每件事和每個人看起來都很正當。皇帝和帝國政府與威尼斯、匈牙利、波希米亞（Bohemia）、瑞士、下層貴族、上層貴族、教會和鄂圖曼人等方面都有摩擦（換句話說，帝國日常）。庫妮古德待在父親的表親奧地利與提洛爾的西格蒙德公爵（Duke Siegmund of Austria and Tyrol）的宮廷中，可避免遭受這些衝突的波及。（一四八六年的神聖羅馬帝國狀似一顆蛋，有些蛋黃往下流到了義大利，而提洛爾就是那個蛋黃。）

巴伐利亞的阿爾布雷希特公爵獲得皇帝允許，願意將女兒嫁給他。巴伐利亞是帝國最具政治影響力和領土優勢的公國之一，阿爾布雷希特很積極讓公國變得更強大，稱得上是一名乘龍快婿。西格蒙德則得到皇帝的同意，為庫妮古德協商嫁妝和其他財務事項，而他也很有一套。到了十二月初，一切都準備就緒。在一四八七年一月二日，公主與公爵結了婚，她的父親幾乎不在場。後來，新任公爵夫人庫妮古德跟隨丈夫搬到慕尼黑。目前的發展看起來都很得當，幾乎啦。

不過，你偷偷買了一份叫《雷根斯堡征服報》（*The Conquest of Regensburg*）的小報，才知道這個童話故事背後的可怕真相。

◈關於被偷走的公主

《雷根斯堡征服報》的作者為了自己的人身安全，決定維持匿名。他堅稱阿爾布雷希特把公主從她父親身邊、神聖羅馬帝國，還有基督教那裡偷走。皇帝本來安排庫妮古德嫁給鄂圖曼蘇丹，這場婚姻將促成一項協議，保護帝國不受東方威脅，並讓庫妮古德得以說服土耳其人改信基督教（有夢最美）。阿爾布雷希特假造了一封信，謊稱皇帝同意將女兒嫁給他，這是阿爾布雷希特的慣用伎倆，他偷走雷根斯堡的忠誠，奪取市政府的控制權，還增加了修道院的賦稅。

你別介意，這份小報在一四八九年出版時，庫妮古德和阿爾布雷希特已經有了兩個小女兒，他們後來總共生了八個孩子。你別介意，他們還接待了庫妮古德的哥哥，也就是帝國的繼承人，彼此相談甚歡。你也永遠不要介意，這份小報應該更正確地被命名為《雷根斯堡市議會決定將大部分的控制權交給阿爾布雷希特以換取金錢，而我不喜歡阿爾布雷希特任命的市長》。

以上事實你都可以忽略。你是英雄，阿爾布雷希特是邪惡的公爵。庫妮古德是落難公主，你必須拯救她。

◈關於被拯救的公主

可惜的是，庫妮古德對於要不要被拯救有自己的想法。也就是說，她不需要被拯救。她從小在爾虞我詐的帝國宮廷中長大，偶爾在求情者和她父親之間居中調停。身為公爵夫人，她強迫大兒子接受與她偏愛的小兒子當共同公爵。最重要的是，她能一眼看穿叛徒，即使別人看不出來，而且她有權力和智慧去揭發。

根據文獻顯示，在一五〇〇年代早期，整個奧格斯堡都被一名充滿魅力的年輕預言家迷得神魂顛倒。當上帝選擇安娜・拉米尼特（Anna Laminit）作為地上的聖人時，她年約十八歲，住在遊民收容所。上帝讓她在不吃東西的情況下也能存活，也讓她誇耀自己挨餓的事蹟，當然還有讓奧格斯堡的民眾因此捐錢給她。

馬克西米利安皇帝（Emperor Maximilian），也就是庫妮古德的哥哥，在一五〇二年向拉米尼特尋求建議。一五〇三年，皇后比安卡・瑪麗亞・斯福爾扎（Bianca Maria Sforza）在拉米尼特的催促下，舉行了宗教儀式。拉米尼特得到更多的錢，還有一間大房子、教堂的榮譽座，以及至少和一位城裡的貴族發展地下戀情。

視角跳到一五一二年的慕尼黑。成為寡婦的庫妮古德，看著拉米尼特靠她的「聖人身分」無往不利，而自己一無所獲。

這位公爵夫人「邀請」拉米尼特造訪一座修道院，她將在此虔誠地度過餘生，拉米尼特找藉口拒絕了。庫妮古德冷哼一聲，扮演起旅行社小姐的角色。她為拉米尼特安排了一趟到慕尼黑的旅程，並說服奧格斯堡市議會讓他們的明星離開。簡而言之，不容拉米尼特拒絕。

修道院的修女們大張旗鼓地迎接拉米尼特，還給了她貴賓待遇，讓她有自己的房間。

這間房間是庫妮古德特別為她準備的，特別的地方不在於裝飾，而是門上有小洞。庫妮古德從門後偷看，發現拉米尼特把一袋昂貴的水果和糕點藏在床底下，並目睹她吃掉這些食物。拉米尼特完蛋了。但公爵夫人沒有就此罷手，而是耐心地等候，接著看見拉米尼特把她的糞便丟出窗外。

這就是一個老婦人和幾個薑餅蛋糕揭穿一個騙子的故事。這一場長達十年的騙局，擄獲了成千上萬人的思想、靈魂和錢包，她成功地讓皇帝和整座城市都失敗了，而這個漫長、精湛又極為成功的事業就此畫下句點。

中世紀歐洲的公主們需要被拯救。阿爾布雷希特或許是你在小報上讀到的邪惡公爵，而庫妮古德也可能比多數人都還更迫切地需要被拯救。但對英雄來說，可惜的是，有時公主會自救。

如何竊取王冠

你是屠了龍沒錯，但你有試過殺死一個隱喻嗎？

不管你目睹過幾場政變、有多少公主還沒拯救、在任務途中遇到什麼樣的小波折，你可能都認為自己狀態絕佳，終於可以偷走王位，永遠將邪惡勢力永遠趕出王國（「永遠」這個字眼很主觀……非常主觀）。你的勝利代表著該是面對下一個挑戰了。在中世紀歐洲，偷走王位有時代表著必須偷走王冠，這個實際上的物品。

從好的方面想，在菁英階層間，王冠是相當受歡迎的珠寶。埃諾的菲莉帕（Philippa of Hainaut）有十頂不同的王冠；英格蘭的愛德華二世不得不拿好幾頂王冠作為貸款的抵押品。但其他王冠擁有真正的力量，有些國家指定了一頂（或多頂）王冠是在加冕儀式上不可或缺的。就算是有法定繼承人，如果被別人戴上這個皇室飾品，可能必須將王位拱手讓人。

在中世紀，匈牙利就是這樣的一個國家，國家不斷地把未來投資在聖史蒂芬的王冠（Crown of St. Stephen）上。這項習俗一開始對阿爾布雷希特二世國王（King Albrecht II）和伊莉莎白皇后（Queen Elisabeth）來說並不成問題。阿爾布雷希特於一四三九年末過世，就算他沒有留下任何男性子嗣，而波蘭和匈牙利貴族對王位虎視眈眈，此時這項習俗仍沒有立即產生問題。因伊莉莎白皇后有孕在身，迫切地希望能生出兒子，她為了保護正式的王冠不落入居心叵測的貴族手中，將它從皇家國庫拿出來，藏在自己房間一個偽裝成長凳的箱子裡。

當這間房間以及裡面的長凳著火時，問題就來了。伊莉莎白最信任的侍女海蓮娜．寇塔納（Helene Kottanner）設法撲滅了大火。但這起事件讓皇后和她最親近的密友們緊張了起來，並將王冠移回國庫。在那之後，伊莉莎白收到了警告，得知某些波蘭貴族打算強迫她再婚，偷走王位。她想都沒想就逃走了，沒帶珠寶、沒帶女傭，最嚴重的是，沒帶聖史蒂芬的王冠。

伊莉莎白只帶著誕下男嬰的熱切希望，但他需要王冠才能當上國王。她請求寇塔納為她涉險，溜回城堡偷走……她的珠寶。她的珠寶？伊莉莎白是神聖羅馬皇帝的女兒，也是多個國家的皇后。她當然不需要……但她很堅持。

正如寇塔納所寫下的事件描述，她對自己的性命安危感到恐懼，但還是保持一貫的忠誠，同意回去拿珠寶。她把這些貴重財物藏在裙子底下，偷偷運出城堡。貴族試圖阻止她，在對方的審問之下，她沒有絲毫屈服。「海蓮娜．寇塔納，妳拿了什麼東西？」「我的衣服。」這種誤導的說法對她來說很有幫助，因為事實證明珠寶竊案只是暖身而已。

在一四四〇年二月二十日那一晚，海蓮娜．寇塔納和兩名幫手潛入匈牙利皇家國庫偷王冠。他們一身黑衣融入夜色，腳上穿著毛氈鞋掩蓋腳步聲。兩名男子在大衣底下藏了銼刀和鐵鎚，來到保護金庫的三道門前。

寇塔納引開守衛的注意（或是如她所說的，是上帝讓他們被引開），男人們則使用銼刀、鐵鎚和火焰進入整座城堡戒備最森嚴的地方。這一行人很快地發現，他們忘了兩件事：一、王冠被偷走後，留下的空位太過明顯；二、王冠無法藏在大衣底下。

在寇塔納的描述中，她沒有很清楚地交待誰做了什麼，但發生了以下事情：

◊ 犯案用的銼刀被丟進馬桶。

◊ 在無人發現的情況下，王冠被偷偷帶到城堡的禮拜堂，那裡供奉的是匈牙利的聖伊莉莎白（Saint Elisabeth of Hungary，一二〇七－一二三一）。

◊將擺放王冠的架子也一併從金庫偷走，這樣不見的王冠就不會那麼明顯。

◊金庫的門鎖被換掉。

偷竊行動沒有到此結束，寇塔納和她的幫手從禮拜堂摸走了一個紅色的天鵝絨枕頭，掏出一些羽毛，把作為匈牙利國家象徵的王冠縫在裡面。

不過，在他們把枕頭運出城堡前（這真的不是我編的），一名老僕人過來問寇塔納，皇后舊房間爐灶前的奇怪箱子是什麼。寇塔納趕緊派這名女子到自己的住處把財物拿來，並承諾另一名女子，要是她乖乖配合，就能在皇后身邊擔任要職，然後將箱子燒成灰燼。

接著他們不得不越過結冰的多瑙河（Danube）逃走，這是千真萬確的。但一切都很值得，因為伊莉莎白生下了一個健康的男嬰，也就是未來的匈牙利國王，聖史蒂芬的王冠為他的角色下了定論。

如果你想找一個冰與火的故事來說明隱喻變為現實，這就是了。任何公主都能自救並戴上王冠，在一四四〇年，這位公主和她的侍女偷走了王冠，也拯救了王國。

獲得獎賞

中世紀的貴族

6

如何贏得公主

英雄任務有兩種結局：失敗或成功。英雄本身也有兩種下場：變成筋疲力盡的人形空殼或結婚。關於第一個選項，你應該不需要指導。但萬一你寧願結婚，也不要過著永遠陷入創傷的人生，那就是時候談談如何從拯救公主變成贏得芳心了。

伊莎貝爾

如果你很幸運，你的任務已經把最困難的部分解決掉了；如果你很幸運，你又是有史以來最偉大的騎士。世人眼中的英格蘭戰士威廉．馬歇爾（William Marshal，一一四六／四七－一二一九）便是如此。威廉的武藝夠高超（也夠幸運），沒有讓他戰死沙場，也能自在地迎合一連串的英格蘭皇室成員，身為騎士的他，在這兩方面做得很成功，獲得的成就比贏得公主更好。英格蘭國王亨利二世（King Henry II of England）希望自己的女兒們能成為皇后或德國女皇，也如此安排她們的婚姻。至於他最看重的騎士？亨利答應讓沒有土地的威廉與史崔恩吉爾的伊莎貝爾（Isabel of Stringuil）結婚（加上大片土地），她可能是不列顛群島（British Isles）最富有的女人，而亨利的繼承人理察（Richard）最後實現了這個諾言。很不錯的交易。

因此，如果你在英格蘭，完成任務後，要贏得公主只有一個條件：你必須是貴族。

分數：身為貴族，一分。

但誰說你在英格蘭了？（除了你之前的英雄們會有的設定）你十分清楚，要是威廉·馬歇爾在拜占庭帝國想要靠運氣發達，皇室宮廷絕對會將他生吞活剝（字面上的意思）。如果你想贏得公主，最好從最糟的情況中學到教訓。去一趟君士坦丁堡吧，就算不擅長記名字也沒關係。這次你只需要記三、四個。

◈歐芙洛西妮和另一個歐芙洛西妮瑪麗亞和另一個瑪麗亞

還記得拜占庭宮廷政治的爾虞我詐嗎？還記得之前提到的伊琳娜、瑪麗亞、歐芙洛西妮、伊琳娜和米海爾嗎？讓我們把時間快轉到約四百五十年後，經過了五任的米海爾皇帝，再加上三次蒙古派系之爭，以及與保加利亞的糾葛。回想一下當初在拯救公主時，出現的那幾個一模一樣的名字。這次，你在一二五九年，未來的米海爾八世正準備要奪取王位。

你可能會說，米海爾（一二二三—一二八二）和威廉・馬歇爾在贏得公主方面，走了類似的路徑。他們都在戰場上和政治圈有出眾的表現，偶爾會站在跟統治者對立的一方，也都娶了象徵性的、而非血統上的公主。

只不過米海爾重新獲得了皇帝的寵愛，娶了皇帝心愛的姪孫女，但又失寵於皇帝，改去跟蒙古人並肩作戰了兩年，再回到君士坦丁堡，發動政變，並且以婚姻為基礎，創造出帝國史上最成功的王朝之一。至於威廉，他得到了一些土地。所以如果你想要贏得公主，再加上英雄故事的續集，米海爾是你最佳的學習榜樣。

和很久以前拯救公主的前任皇帝米海爾二世一樣，米海爾八世在一二五九年發動了政變，並處決了代替年輕皇帝掌權的攝政王。米海爾八世和前任皇帝不一樣的是，他接著在一二六一年弄瞎並流放了這名幼小的統治者，除掉一個未來的王位威脅者。

身為皇帝的米海爾完成了幾件小事，像是從拉丁西方手中奪回君士坦丁堡，重建拜占庭帝國，以及引領文化與知識復興。如果你知道希臘拜占庭西邊有野心勃勃的義大利城邦、南邊有馬穆魯克人（Mamluk）、北邊有保加利亞帝國、東南方更是有蒙古人時，他的功績就顯得難能可貴。

其中兩個蒙古國虎視眈眈。金帳汗國（又稱欽察汗國）在一二四一年徹底蹂躪了匈牙利，而且想要再來一次；伊兒汗國在一二五八年摧毀了巴格達。拜占庭的位置很不利。

幸運的是，蒙古人很樂意透過政治聯姻來經營他們與拜占庭的關係，米海爾就娶了前皇帝的姪孫女，他親身經歷過這個程序。因此他的女兒歐芙洛西妮被許配給統治（大部分）金帳汗國的非正式可汗那海，小瑪麗亞則與伊兒汗國的阿八哈可汗成親。

（你才剛抵達拜占庭，米海爾、那海和阿八哈早就已經贏得了他們的公主！想像一下接下來的故事會怎麼發展。）

這些安排對瑪麗亞和歐芙洛西妮來說還行。可汗想娶幾個老婆都可以，但一般而言，蒙古皇后比西方貴族女性擁有更多正式的權力。在金帳汗國，歐芙洛西妮得以讓女兒保有希臘名字，並將她取名為歐芙洛西妮（有何不可？）。就叫她歐芙洛西妮二號吧。記住這一點。

與此同時，瑪麗亞在伊兒汗國長大，學會如何操縱拜占庭和蒙古統治者。在她的影響之下，阿八哈為伊兒汗國的基督徒提供了保護和協助，瑪麗亞甚至因此被認為能創造奇蹟。

但她的作為並沒有到此結束。阿八哈於一二八二年死後，瑪麗亞的寡婦生活一開始很不順遂，她被要求嫁給繼子。最終，應該這樣說，她在未經許可的情況下自我流放，回到了君士坦丁堡。

分數：身為貴族，二分；身為王子，一分；身為蒙古王子，二分。

現任皇帝安德洛尼卡二世（Andronikos II），也就是瑪麗亞的兄弟，打著如意算盤，要利用她來進行另一場政治聯姻。不管怎樣，瑪麗亞都不會讓他得逞。她成立並加入了富有的蒙古聖瑪麗（St. Mary of the Mongols）修道院，一方面紀念聖母瑪利亞，另一方面紀念她視為家鄉的人民和國家。

如此一來，安德洛尼卡只好派他的女兒西蒙迪絲（Simondis）嫁去塞爾維亞（Serbia）。我們暫且先把塞爾維亞、西蒙迪絲、和她的夫婿史蒂芬（Stefan）擱在一邊，回到正題。

你記得安德洛尼卡的姊妹瑪麗亞嫁給了蒙古伊兒汗國的可汗，另一個姊妹歐芙洛西妮則是嫁給金帳汗國的大將，他算是實質上的可汗。可汗的稱號和金帳汗國的其餘部分則歸脫脫所有。脫脫和那海一樣具有企圖心和權勢，安德洛尼卡認知到這一點，便派了另一個女兒（也叫瑪麗亞，有何不可？）過去成親。就叫她瑪麗亞二號吧。

分數：身為貴族，二分；身為王子，一分；身為蒙古王子，三分。

◈伊琳娜、伊琳娜、瑪麗亞和瑪麗亞

米海爾八世的女兒伊琳娜沒有嫁得跟其他姊妹一樣好，雖然一開始看起來並非如此。保加利亞王國是拜占庭的「漏網之魚」，連米海爾都無法透過武力或聯姻將它奪回。

保加利亞在一二五七年發生內亂，拜占庭皇帝庇護了逃亡的保加利亞前統治者米佐．阿森（Mitso Asen），換來黑海（Black Sea）北海岸的作戰基地（處於政治和經濟上的戰略位置）。在一二七八年，米海爾盡了最大的努力，他安排伊琳娜跟這位流亡統治者的兒子伊凡．阿森三世（Ivan Asen III）結婚，並將夫婦倆連同一支軍隊送到保加利亞。結果成功了。

分數：身為貴族，二分；身為王子，二分；身為蒙古王子，三分。

另一方面。

一名野心勃勃又冷血無情的保加利亞貴族喬治・泰特（George Terter）娶了一名叫瑪麗亞的女子（瑪麗亞三號），還有了子嗣西奧多（Theodor）。

喬治發現，米海爾在各處都需要他的軍隊，不只是在保加利亞，並為了離保加利亞王位更進一步，設法娶了伊凡・阿森的姊妹，也叫瑪麗亞。（瑪麗亞四號，有何不可？）在一二七九年，他將瑪麗亞三號和西奧多送到君士坦丁堡，以證明他對米海爾的效忠。

分數：身為貴族，三分；身為王子，二分、身為蒙古王子，三分。

但如果你能跟對方平起平坐，何必宣示效忠呢？喬治在一二八〇年占領了保加利亞，伊凡・阿森和伊琳娜又逃回君士坦丁堡。

「幾乎」和其他所有人都緩和關係或結盟的米海爾，並沒有對保加利亞發動攻擊。但喬治依然明白，他的政治地位並不穩固，因此耐心等候對的時機來臨。

米海爾於一二八二年死亡。他的兒子安德洛尼卡二世在沒有重大暴亂的情況下登基為王，因為這不是保加利亞。

回到保加利亞，喬治決定利用安德洛尼卡剛登基時，獨自統治的動盪局面。他與瑪麗亞四號離婚，把她送到君士坦丁堡，並從君士坦丁堡接回瑪麗亞三號，經過談判後也接回了西奧多。

這個新的局勢對西奧多有利。他以共同皇帝的身分統治，學會如何在躁動不安的貴族之間保有權力。更重要的是，學會什麼事情不該做。

現在是一二八二年，來整理一下重點：

◇拜占庭皇帝米海爾八世平靜地去世。
◇米海爾的兒子安德洛尼卡二世和平地繼承了王位，當上皇帝。
◇米海爾的女兒瑪麗亞一號嫁給蒙古伊兒汗國的可汗，建了一間修道院，目前隱身幕後。
◇米海爾的女兒歐芙洛西妮一號嫁給那海，他是蒙古金帳汗國的軍事領袖／可汗，實質上統治了一個派系。
◇歐芙洛西妮二號是歐芙洛西妮一號和那海的女兒。
◇米海爾的女兒伊琳娜會是保加利亞皇后，但現在成為一名位高權重的拜占庭貴族。很不錯了。

◊喬治・泰特是野心勃勃的保加利亞貴族。

◊瑪麗亞三號和西奧多是喬治的妻子和兒子，他們被流放到拜占庭，但現在回到了保加利亞。

◊瑪麗亞四號是伊琳娜的小姑、喬治的第二任妻子，但她現在在拜占庭。

◊喬治・泰特是保加利亞皇帝。

◊他的兒子西奧多是保加利亞的共同皇帝。

◊回到英格蘭，威廉・馬歇爾娶了一名女繼承人並得到了一些土地。

與此同時，還記得皇帝的女兒伊琳娜公主，當上皇后不到一年就得為了保命逃亡嗎？在一三四一年，伊琳娜的孫女，也叫伊琳娜（有何不可？），她嫁得更好。先別管保加利亞了。伊琳娜二號的婚姻讓她成為……整個拜占庭帝國的皇后。

有時你拯救公主，有時公主自救。有時你贏得公主，有時你必須反過來讓公主贏得你。

但如果沒有人想配合，怎麼辦？

如何嫁給王子

嗯！你必須嫁給王子。

這對你來說是個好消息，不僅僅是因為你可能愛上了他。當然，女性在婚後要如何做個英雄，這是尷尬的後話了。但英雄最擅長的就是打破規則了，你只需要正確的指導，來幫助你得到王子，同時當個英雄。

◈選項一：坎特伯雷的安瑟倫（Anselm）

對，沒錯，嚴格來說，安瑟倫（逝世於一一〇九年）是一名男性。

對，沒錯，嚴格來說，安瑟倫是一名修士，也是坎特伯雷的大主教。

還有，嚴格來說，在中世紀，男性不能跟男性結婚，而修士根本不能結婚，即使他們是教會權力最大的主教，以及整個中世紀最重要的神學家也一樣。不過，從寓言上來說……

中世紀的作家和神學家很喜歡寓言。這意味著可能是將一個抽象的概念擬人化，例如：把「傲慢」描寫成一個化大濃妝的美女；也可能是將一個平凡的故事，想像成某個深奧真相的延伸隱喻，例如：將婚姻比喻成基督愛祂的新娘，也就是人類靈魂。

你可以想像得到，發誓將生命獻給基督、一輩子獨身的修士和修女會很喜歡這個寓言。十二世紀的修士克萊沃的貝爾納用它作為八十多場佈道的潛在主題；十三世紀的神祕主義者馬克德博的梅哈堤則用它寫下一些香豔的詩歌。

但把基督的「和平之君」（Prince of Peace）稱號置入婚禮寓言中有點太做作，對英雄來說，也過於簡單化，於是安瑟倫該出場了。這位獨身朋友生活的年代稍早於「基督新婦」（Bride of Christ）的身分認同熱潮，但當時男人間的欣賞（man crush）已經相當盛行。

從僅存的文獻來看，我們無法確定有哪個案例包含了「在修道院牢房發生的事，就讓它留在修道院牢房」的情節。但你應該想得到，核心元素為兄弟情誼、夥伴關係，或是中世紀女性之間建立的那種浪漫友情。你還在想像中世紀戰士為男子氣概的化身嗎？事實上，由於中世紀的男性對女性的威脅較小，因此他們更能展現豐富情感，更能接受對彼此浪漫的愛。

看看安瑟倫寫給另一名修士吉伯特（Brother Gilbert）的信：「最親愛的朋友，你對我的情意就像禮物，我很珍惜。但它們永遠無法撫慰我的心，剝奪我對你深情的思念……的確，它永遠不會因為分離而得到安慰，除非重獲另一半，我破碎的靈魂……我從未經歷過你不在身邊，過去並不知道和你在一起多麼甜蜜，沒有你多麼痛苦。」[13]

安瑟倫不僅願意寫下這些文字，還很清楚它們會被唸出來，而且聆聽的人或朗誦的人不會只有吉伯特。他也預料得到，這封信會被保存下來供後代閱讀。也就是說，坎特伯雷的大主教對男人展現出欣賞之情，而他身邊所有人都認為這再正常不過。因此，就算你不能真的跟王子結婚，還是可以建立同樣深厚的情愛羈絆。

當然，不是每個人都能當坎特伯雷的大主教。有些人只會激怒約克的大主教兩次。

---

13 Letter 84, Walter Fröhlich, trans., The Letters of St. Anselm of Canterbury (Cistercian Publications, 1990), 1:219.

◈選項二：瑪潔麗・肯普（Margery Burnham Kempe）

嚴格說來，瑪潔麗・伯納姆・肯普（逝世於一四三八年後）嚴重激怒了約克的大主教、萊斯特（Leicester）的市長、一些布里斯托（Bristol）的居民、一些約克的教士、耶路撒冷的朝聖者、西班牙的朝聖者、她的丈夫（和好了），以及她的兒子（也和好了）。至少，她在一系列的故事中把自己的精神生活記錄了下來，包含大量外在探險來支持她的描述。和莫里尼的約翰（不小心讓撒旦教你識字的那位修士）不一樣的是，《瑪潔麗肯普之書》（*The Book of Margery Kempe*）完全是基督教文本，作者在其中敘述她多次看見基督顯現。但對任何必須嫁給王子並繼續當英雄的女主角而言，她都是最好的典範。

在中世紀，能被稱為「狠角色」的女性大部分是修女、先知、接手丈夫權力的寡婦，或代表兒子奪權的皇后。肯普也不例外。她的確為了家庭犧牲奉獻，她生了十四個孩子，說服丈夫在婚姻中禁慾而非離開他，在他又老又病時照顧他，並養出了至少一個跟她一樣具冒險精神的女兒；肯普甚至帶著丈夫踏上了幾場冒險旅程。不過，《瑪潔麗肯普之書》顯示出一名已婚女子過著我行我素的生活。

肯普靜不下來。雖然她明顯不缺錢，但還是試圖創立兩種不同的事業。最後都以失敗收場，證明了她沒有做生意的天分，卻有源源不絕的動力。生下第一個孩子後，她陷入了一段痛苦慘澹的時期，但她仍舊將自己的生命獻給宗教，追求在精神上嫁給基督，同時維持與丈夫的人間婚姻。她對宗教的追求以兩個常見的現象為中心：朝聖和教育。

不過，英雄藏在細節裡。肯普進行多次的朝聖之旅，她去了坎特伯雷，還有耶路撒冷、羅馬、德國和西班牙。她是整個中世紀歐洲最令人印象深刻的世界旅人之一，她對此也一點都不低調，大喇喇地展示自己有多虔誠，並責罵其他旅人，讓很多人都不是滋味，而她表現得毫不在乎。

那教育呢？

肯普讀了（或請別人為她讀）一些當代最受歡迎、最被大眾接受的宗教文本，並學習以聖人為榜樣，像是智取五十位哲學家的亞歷山大的加大肋納，以及為教皇提供建議的瑞典的彼濟達（Birgitta of Sweden）。不過，更厲害的是，她顯然熟讀了《聖經》，能夠在唇槍舌劍中引用經文。但中世紀有時不太能接受聰明的女人，肯普好幾次涉嫌異端邪說而被拘留。然而，她對《聖經》和基督教神學都夠熟悉，因此得以順利脫身；好幾次都是如此。肯普當然沒有揮舞著刀劍或火球，但在她的時代，英格蘭教會正如火如荼地迫害異教徒，她可說是擁有了所有英雄夢想中的伶牙俐齒和機智反應。

所以，如果你認為你這一趟旅程已經很了不起，又被要求代表別人去完成任務很討厭，就來看看瑪潔麗．肯普的例子吧！一個平凡的女人打破了所有端莊女性的規範，可以高調、聰明又不成為異端。

◈不過，首先……

和人類所能想像的相反，中世紀的已婚人士可以在不通姦的情況下墜入愛河，並踏上與拯救兒女無關的冒險之旅。當然，其中一部分的你，可能還是想要像阿瓦（Arwa）一樣。她是葉門蘇雷希德（Sulayhid）王朝的最後一位女王，曾經親自領軍抗敵，阻擋其中一位追求者靠近她的宮殿。

但她最後還是進入了婚姻，至少只是形式上，兩人從未住在一起。阿瓦明白有時嫁給王子是必要的，而這不代表你的英雄事蹟會到此為止。再說，身為女王的阿瓦獨立統治了葉門五十四年，這一點比她的傑出的外交手腕和冷酷的軍事手段，更為適合當你的榜樣。

根據葉門編年史家的描述，美麗的阿瓦一點也不苗條，反而恰恰相反。不過在你參加慶功宴和最後的婚禮後，你也不可能瘦到哪裡去。

如何像國王一樣飲酒作樂

屠龍讓你成為英雄，也讓你飢腸轆轆。嘴巴塞了蘋果的烤豬？留給你的夥伴就好。如果你不想輸給薩伏依（Savoy）家族，就必須在豬的嘴裡塞一塊浸滿油的棉布，然後點火，讓豬噴火，而且豬還要裹上黃金。

這是一四二〇年薩伏依阿梅迪奧八世（Amadeus VIII）的宮廷一景。至於在一四五四年，二十四隻烏鶇應該足夠讓勃艮第的「好人」菲利普公爵在一頓安靜的私人早餐中享用了。如果是一場盛宴，你需要把二十八名音樂家烤成派。提醒你，要活烤。

除了「火不會熔化黃金嗎？」的問題之外（不會，因為所謂的「黃金」，通常是指抹在豬身上的生蛋黃），這些例子還有兩個需要注意的重點：一、幸好阿梅迪奧已過世，沒親眼見證自己多麼徹底地被超越；二、既然派裡的音樂家還活著，而且演奏的音樂比你的吟遊詩人好得多，那你該吃什麼？

菲利普在勃艮第里爾（Lille）舉辦的五天盛宴應有盡有。在觀賞比武和短劇之間，你可以大啖小牛腦義式麵餃，或是品嚐完全用異國糖霜製成的異國水果，然後把牙齒咬壞。此外，有誰抗拒得了糖製的人造蛋和人造洋蔥呢？

但在接下來五天，你可別只顧著犯下暴食罪。身為英雄，你可能會跟公主結婚，但更加肯定的是，你將獲得大量金錢、土地、政治權力作為獎賞，而且你必須透過宴席等儀式來維持這種權力。所以注意了，很快地，你唯一需要屠的龍，就是你的伙食費。

◈不，你別無選擇

不管你到了中世紀的哪個地方或哪個年代，都得面對這個問題。摩洛哥商人伊本・巴圖塔（Ibn Battuta，一三〇四－一三六九）花了十天時間（另一個方向要花二十四天），從最近的村落移動至撒哈拉沙漠中的伊瓦拉塔（Iwalata）鎮，當他抵達時，居民馬上準備了一頓慶典的佳餚。盛宴和權力之間的連結，甚至顯現在「領主」（lord）和「女士」（lady）的頭銜中。這兩個詞彙來自古英語「hlaford」和「hlafdige」，也就是「麵包守衛」和「麵包麵團製作者」的意思。

如果中世紀的盛宴只是向賓客扔捲餅和蝴蝶餅（pretzel，中世紀的發明）就好了。又或者是精心烹調的千層麵（也是中世紀的發明），搭配價值上千弗羅林的刺繡裝飾。不管你身處中世紀的哪個地方或哪個年代，宴席都在在展現了主人的財富和權力。但後來事情越變越複雜，因為宴席延伸出其他用途，而且每一個文化，甚至每一場宴席，都各有差異。

舉例來說，在中世紀早期和中期的斯堪地那維亞，宴席用來強化主人和賓客之間的雙邊關係。發出邀請是尊敬賓客的表現；接受邀請則有忠誠、結盟或保護的意思。到了十三世紀，新郎和新娘的父母會彼此競爭，看誰能請到更多有名望的賓客來參加喜宴。

或是以那些價值上千弗羅林的刺繡為例子。如此鋪張的是一五〇〇年的神聖羅馬帝國統治者馬克西米利安一世（Maximilian I），他在慕尼黑舉辦了一場化裝舞會，幾乎每一針、每一線的刺繡費用，都花在裝飾帶有帝國象徵的服裝和布景。賓客們所見之處，從飄逸的裙襬到垂掛的繡帷，一切的金碧輝煌都宣示著馬克西米利安這個名字就是帝國的代名詞。

好好規劃你的慶典盛宴吧，你要學的可多著呢。

◈大廳（Hall）不是門廳（Hallway）

你不確定該用針線還是膠水，才能將兩千五百面大小不一的鏡子固定在覆蓋整個大廳天花板的深藍色布料上，用來代表行星、星座和夜空。但在那之前，你還有很多事情要擔心，像是大廳。

「最大的房間」是好的開始，但還不夠。在中世紀早期的英格蘭，你或許可以很簡單地使用「當地最大建築物的整個內部」，然後在裡面擺桌子，但這是一四七五年，你在義大利佩薩羅（Pesaro）。這裡有一場為期五天的婚宴，是為科斯坦佐·斯福爾扎（Costanzo Sforza）和卡蜜拉·馬薩諾·達拉貢納（Camilla Marzano d'Aragona）舉辦的，需要一個寬敞的大廳，能擺得下九張桌子、每張有十二個座位。還要有空間留給一臺管風琴、一張展示金銀珠寶的長桌，以及讓一百多名僕人來回走動而不會互相絆倒，也要有一個表演芭蕾舞的開放舞臺和兩側的看臺座位，提供給有資格觀看餘興節目，但不夠資格吃吃喝喝的菁英。

由於中世紀晚期的宴席沒有極限，因此在一四三〇年，當公爵發現勃艮第的宮殿沒有足夠空間安排一場盛大的宴會時，便另外蓋了一個場所。

在基督教歐洲，第二個絕對不可或缺的宴席物品是桌布。科斯坦佐和卡蜜拉的婚宴上所使用的桌子全都是重新漆過的，有些甚至漆上黃金，結果最後還是再鋪上了厚重的白色亞麻布。桌布和餐巾將一般人與鄉下粗人分開，後者直接用手拿食物，然後用身上的衣服擦手。當你舉辦自己的宴席時，一定每次都要記得購買全新的桌布和餐巾。說得更清楚一點，你必須購買好幾組餐巾，每一餐都需要好幾組。（別擔心事後該怎麼處理。只要去十四世紀的巴黎，就能找到蓬勃發展的二手餐巾市場。）

◈你的裝飾預算會十分驚人

不管你的城堡有多宏偉，大廳總是可以看起來還要更加富麗堂皇。萬無一失的做法是，用精心設計或神話場景的彩色掛毯覆蓋牆壁，經典永遠不退流行。最優秀的宴席設計委員會（對，委員會），能夠將賓客帶到另一個世界，像是卡蜜拉和科斯坦佐在天花板鋪了夜空地毯，其他裝飾也充滿了浪漫和想像力。這對夫妻用茂密的觀賞植物完全覆蓋牆壁（當然每天都會剪新鮮的來用），以森林為主題，建構出自己的神祕魔法世界。餐桌佈置模糊了裝飾和娛樂、裝飾和食物之間的界線。在九世紀，小型噴水池和船艦雕塑對查理曼大帝和他的兒子們來說，或許已經綽綽有餘。（噴水池一直都很受歡迎，但並非在餐桌上。菲利普在一四五四年舉辦的「野雞盛宴」（Feast of Pheasant）中，有一座會噴水的女性雕像，賓客可以拿酒杯去裝從她的……嗯……流瀉出來的紅酒和白酒。）但在十五世紀的義大利，就算有噴火金豬還是不夠看，你需要準備具異國風情、驚豔四座又貴得嚇人的開屏孔雀。對，牠還要裹上黃金，而且能夠噴火，或是以木頭和糕點麵團做成的城堡和十字軍戰役模型。

專業建議：別把城堡吃掉。你不會希望滿嘴都是碎片。

◈消化不良

一四二一年英格蘭凱薩琳皇后（Queen Katherine，她嫁給一個沒那麼喜歡殺妻的亨利國王）加冕典禮後的宴席只有三道菜。先別鬆一口氣。光是第三道菜就包含了淋上蝸牛粉糖漿和彩色鮮奶油的棗子、烤鼠海豚、炸明蝦、裹著醬汁的龍蝦、一個由棗子、明蝦、紅蝦、大鰻魚、烤八目鰻、白蝸牛組成的拼盤，以及用四個天使裝飾的肉派。一道菜不代表只有一種食物。

卡蜜拉和科斯坦佐的十二道菜，現在看起來更令人印象深刻了。特別是這些菜色太過精巧，上菜時還得由兩個人裝扮成希臘神祇來演說介紹。

◈ 緊急發問：等待消化時能做什麼？

在中世紀早期和中期的斯堪地那維亞，宴席總是讓賓客喝得醉醺醺並樂在參與。詩人（有時領主自己）會吟唱史詩和飲酒歌曲。中世紀晚期的馬利（Mali）更進一步地指定多種類型的詩人，吟唱特定類型的讚美和歷史歌曲，再加上動物慶典服飾。

到了一四七五年，卡蜜拉和科斯坦佐舉辦婚禮時，食物幾乎是宴席中最不重要的部分。（因此賓客才會覬覦看臺座位，不只是因為新人想要盡可能地向更多人炫耀。）除了餐桌中央的擺飾之外，在每一道菜快吃完時，以及每道菜之間，你還得準備短劇和表演（被戲稱為「微妙之處」），另外也少不了讓整座城鎮都能有參與感的進場遊行，宴會中餐與餐之間則必須穿插活動。

通常餐桌上的十字軍戰役模型會搭配真人在舞臺上的演出（但略過死亡和敗戰的部分）。可能是在一四五四年，一名高級朝臣穿上白色緞面長袍和黑色大衣，扮成擬人化的伊格蕾西亞女士（Lady Eglesia），也就是教會的美女化身。他（或她）騎著一頭披著絲綢的機械巨象被帶進大廳。（或者說是這名朝臣在有關這場宴席的延伸編年史條目中如此聲稱。其他編年史家同意宴席上有伊格蕾西亞女士和大象，只有這名朝臣聲稱自己騎在大象身上。）

在餐與餐之間，你必須安排賽跑、比武，還有最重要的舞會。準備好把所有桌子移開，然後再歸位，而且不只一次。更關鍵的是，要確保現場有一大桶一大桶的酒，以及出席的女士們都穿著長長的裙子。

原因不是你想的那樣（或許也是啦），在一三九三年，法國國王查理六世（Charles VI）舉辦了整個中世紀最惡名昭彰的宴席。這一場化妝舞會的悲劇與毒殺無關。在一個為賓客帶來驚喜的橋段中，一群扮成野人的舞者衝進大廳，開始像野人一樣四處亂竄，他們的服裝被亞麻布覆蓋，再塗上一層焦油，然後是粗布。當時是晚上，大廳裡只有火炬作為光源。

這場化妝舞會名為「火人舞會」（Bal des Ardents），告訴了你一切你需要但不想知道的資訊。

其中四名舞者慘死，一名跳進了大酒桶而倖免於難。還有另一名活了下來，因為有個十幾歲的旁觀者衝過來，用裙子蓋住他，而那位倖存的舞者就是法國國王，那唯一一個智勇雙全而成功救了他一命的人是貝里的讓娜女公爵（Duchess Jeanne of Berry）。

（學學讓娜，別學查理。）

◈宴席很好玩，盡情享受吧

「宴會」（banquet）一詞，最初的意思是宴席額外附加的一餐，通常在深夜提供。和其他餐不同的是，宴會是以自助餐的形式呈現。更重要的是，會供應大量自由取用的葡萄酒。在伊斯蘭世界，唯一能夠公開提供酒精飲料的場合，只有相當於宴會的活動。想好好喝酒的人，也可以同時享用能減緩喝醉速度的下酒菜，以便喝更多的酒。

換句話說，中世紀把深夜醉酒的宵夜變成了正式的一餐。

就算你不喝酒，隔天早上還是有精彩的八卦可以聊。

神祕的陌生人闔上了書，眼裡閃著光芒。「你覺得怎麼樣？」

你看著封面最上方的字母，很像宗教藝術的雕刻。龍……之……書……。「書名是什麼意思？」你問道。

陌生人眨了眨眼，此時第一道曙光出現在地平線上。「噢，」他回答。「意思是『成為馴龍大師之路』。」他把書遞過來，說：「這給你。」

所以穿好靴子、帶上刀劍，再看最後一眼你的村莊吧！該去屠龍了。

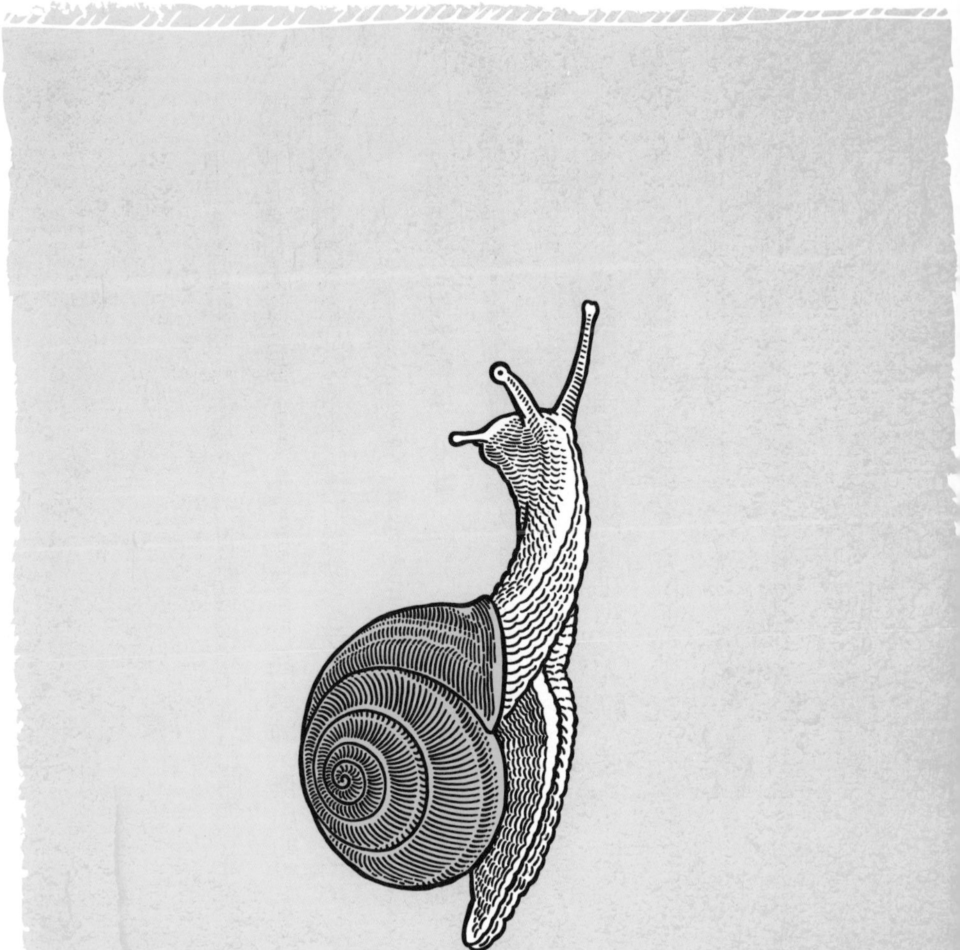

致謝

如果這本書偶爾讀起來像《十五世紀德國和十世紀開羅的奇幻英雄指南》，那都要大大感謝我在聖母大學（University of Notre Dame）的導師、傑出的學者約翰・范・恩根（John Van Engen）和奧莉薇亞・雷米・康斯特勃（Olivia Remie Constable）。套一句十五世紀德國人的話，「沒有他們我做不到」（ane sie laufft niht）。

但就跟每一名作者和每一本書一樣，我的「沒有他們我做不到」清單長長一大串，如果要全部列出來，這本書會變得太大本，連我的狗都無法一次吞下。不過，有幾位一定要提：馬克・伊凡斯（Mark Evans）總是在我需要的時候適時出現，讓我笑開懷；雖然派特・維爾達（Pat Werda）一定會否認，但在我認識的人當中，他是最好的傾聽者；當我毫無頭緒時，我知道我總是可以找胡安・賽巴斯汀・勒溫（Juan Sebastián Lewin）求助。

凱特琳・史密斯（Caitlin Smith）、安娜・孟羅（Anna Munroe）、鮑比・德瑞（Bobby Derie）、約尼斯・布雷特（Johannes Breit）、羅爾・科尼南迪克（Roel Konijnendijk）、威爾・奈特（Will Knight）、杭特・西吉森（Hunter Higgison）、亞當・巴爾（Adam Barr）、

布萊德・格朗德瓦特（Brad Groundwater）、卡西迪・佩爾可可（Cassidy Percoco）、西・迪・馬梅爾（C. D. Marmelle）、丹・豪利特（Dan Howlett）、多米尼克・韋伯（Dominic Webb）、弗雷澤・雷本（Fraser Raeburn）、漢娜・弗里德曼（Hannah Friedman）、傑・波特（J Porter）、加雄・金（JaShong King）、珍恩・比尼斯（Jenn Binis）、傑瑞米・薩爾凱德（Jeremy Salkeld）、強納森・迪恩（Jonathan Dean）、凱爾・彼特曼（Kyle Pittman）、麗莎・拜爾查法提（Lisa Baer-Tsarfati）、麥克斯・麥克菲（Max MacPhee）、麥克・席蒙（Mike Siemon）、內森・卡西莫（Nathan Kasimer）、羅勃・威爾（Rob Weir）、盧埃里・麥克高恩史密斯（Ruairi McGowan-Smith）、莎拉・吉伯特（Sarah Gilbert）、斯弘・林（Sihong Lin）、賽門・林（Simon Lam）、史蒂芬・阿奎爾・基羅加（Stefan Aguirre Quiroga）、湯瑪斯・洛比茲（Thomas Lobitz）、提姆・拜隆（Tim Byron）、崔維斯・瓦洛（Travis Warlow）、泰勒・阿爾德森（Tyler Alderson）與賽維爾・寇蒂斯（Xavier Cortes）陪我完成了數不清的艱難任務；羅恩・詹姆斯（Ron James）讓我見識到說故事的力量，它既美妙又可怕，是所有歷史的靈魂。透過智慧與友情，羅恩每天都提醒我為什麼要寫這本書。

聖路易斯大學（Saint Louis University）和聖母大學的圖書館員工為我創造了奇蹟，讓我獲得原本可能會永遠遺失在塵封抄本中的資料；我的父母傑弗瑞（Jeffrey）和凱絲琳

（Kathleen）不斷為我屠龍，用不著我動手；《文明帝國VI》（*Civilization* VI）和《歐陸風雲IV》（*Europa Universalis* IV）的原聲帶沒讓我失望過。

我從沒想過「寫一本書」需要做這麼多寫作以外的事。我的編輯羅尼・阿爾瓦拉多（Ronnie Alvarado）帶我走過這個痛苦的歷程，他比我更了解我的作品；布魯諾・索里斯（Bruno Solís）不僅僅是插畫家，更是藝術家和靈感來源；派翠克・蘇利文（Patrick Sullivan）和珍妮・鍾（Jenny Chung）顯然運用了強大的邪術，將我的小小Word文檔變成一本真正的書。

不過，最重要的是，如果沒有「AskHistorians」社群，包含標籤、提問者、讀者及其他版主，這本書一個字都不會存在。正如馬克德博的梅哈堤會說的（這次是在十三世紀的德國），它們像金光閃閃的太陽一樣照耀著我的靈魂。

除了以下列出的譯者和作者之外，我還要感謝一長串學者，他們的研究是本書的基石，名單包括但不限於約翰・范・恩根（John Van Engen）、丹・霍賓斯（Dan Hobbins）、克萊兒・瓊斯（Claire Jones）、奧莉薇亞・雷米・康斯特勃（Olivia Remie Constable）、布萊德・葛瑞格利（Brad Gregory）、希爾德根・穆勒（Hildegund Müller）、保羅・艾克（Paul Acker）、安娜・阿卡索（Anna Akasoy）、茱迪絲・班奈特（Judith Bennett）、卡爾・畢爾麥爾（Karl Bihlmeyer）、蕾娜特・布魯蒙菲爾德科辛斯基（Renate Blumenfeld-Kosinski）、阿爾布雷希特・克拉森（Albrecht Classen）、卡琳・格拉夫（Karin Graf）、莫妮卡・葛林（Monica Green）、烏爾里希・哈爾曼（Ulrich Haarmann）、芭芭拉・哈納沃特（Barbara Hanawalt）、拉爾斯・伊瓦・漢森（Lars Ivar Hansen）、布約納・歐爾森（Bjornar Olsen）、潔拉汀・衡（Geraldine Heng）、塔瑪・赫奇格（Tamar Herzig）、凱絲琳・科比富爾頓（Kathryn Kerby-Fulton）、尼希米・列夫錫翁（Nehemia Levtzion）、傑伊・史普爾汀（Jay Spaulding）、凱絲琳・盧埃林（Kathleen Llewellyn）、貝恩德・莫勒（Bernd Moeller）、湯

姆・希比（Tom Shippey）、傑拉德・史特勞斯（Gerald Strauss）與維爾納・威廉斯克拉普（Werner Williams-Krapp）。

1. Bailey, Michael. "From Sorcery to Witchcraft: Clerical Conceptions of Magic in the Later Middle Ages." Speculum 76, no. 4 (2001): 960–90.
2. de la Brocquière, Bertrandon. Le Voyage d'Outremer de Bertrandon de la Broquière, ed. C. H. Schefer (E. Leroux, 1892), 22.
3. El Daly, Okasha. Egyptology: The Missing Millennium: Ancient Egypt in Medieval Arabic Writings. UCL Press, 2005.
4. Fanger, Claire. Rewriting Magic: An Exegesis of the Visionary Autobiography of a Fourteenth-Century French Monk. The Pennsylvania State University Press, 2015.
5. Fröhlich, Walter., trans. and comm. The Letters of St. Anselm of Canterbury. 3 vols. Cistercian Publications, 1990.
6. Haarmann, Ulrich. Introduction to Das Pyramidenbuch des Abu Ga'far al-Idrisi. Franz Steiner Verlag, 1991, 1–94.
7. Heller, Sarah-Grace. "Angevin-Sicilian Sumptuary Statutes of the 1290s: Fashion in the Thirteenth-Century Mediterranean." Medieval Clothing and Textiles 11, edited by Robin Netherton and Gale R. Owen Crocker (2015): 79–97.
8. Mulder-Bakker, Anneke B. The Dedicated Spiritual Life of Upper Rhine Noblewomen: A Study and Translation of a Fourteenth-Century Spiritual Biography of Gertrude Rickeldey of Ortenberg and Heilke of Staufenberg. Brepols, 2017.

9. Radner, Joan N., trans. Fragmentary Annals of Ireland. University College Cork CELT Project. 2004, 2008. https://celt.ucc.ie/published/T100017.html.

10. Riley, Henry Thomas, ed. Munimenta Gildhallae Londoniensis. 3 vols. Longman, Green, Longman, and Roberts, 1860.

11. ———, ed. and trans. Memorials of London and London Life in the XIIIth, XIVth, and XVth Centuries: Being a Series of Extracts, Local, Social, and Political, from the Early Archives of the City of London. Longmans.

12. Smith, Martyn. “Pyramids in the Medieval Islamic Landscape: Perceptions and Narratives.” Journal of the American Research Center in Egypt 43 (2007): 1–14.

13. Tlusty, B. Ann, ed. and trans. Augsburg During the Reformation Era: An Anthology of Sources. Hackett Publishing Company, 2012.

進階閱讀

1. Bennett, Judith. Ale, Beer, and Brewsters in England: Women's Work in a Changing World, 1300–1600. Oxford University Press, 1996.
2. Brink, Stefan, with Neil Price. The Viking World. Routledge, 2008.
3. Constable, Olivia Remie. Housing the Stranger in the Mediterranean World: Lodging, Trade, and Travel in Late Antiquity and the Middle Ages. Cambridge University Press, 2004.
4. Corfis, Ivy A., and Michael Wolfe. The Medieval City under Siege. Boydell & Brewer, 1999.
5. Cortese, Delia, and Simoneta Calderini. Women and the Fatimids in the World of Islam. Edinburgh University Press, 2006.
6. Daston, Lorraine, and Katherine Park. Wonders and the Order of Nature, 1150–1750. Zone Books, 1998.
7. Freedman, Paul. Out of the East: Spices and the Medieval Imagination. Yale University Press, 2009.
8. Herrin, Judith. Women in Purple: Rulers of Medieval Byzantium. Princeton University Press, 2001.
9. Madigan, Kevin. Medieval Christianity. Yale University Press, 2015.
10. Magnusson, Roberta. Water Technology in the Middle Ages: Cities, Monasteries, and Waterworks after the Roman Empire. Johns Hopkins University Press, 2001.
11. Medieval West Africa: Views from Arab Scholars and Merchants, edited and translated by Nehemia Levtzion and Jay Spaulding. Marcus Wiener Publishers, 2003.
12. Naswallah, Nawal. Annals of the Caliphs' Kitchens: Ibn Sayyar al-Warraq's Tenth-Century Baghdadi Cookbook.

Brill, 2007.

13. A Renaissance Wedding: The Celebrations at Pesaro for the Marriage of Costanzo Sforza and Camilla Marzano d'Aragona, 26–30 May 1475, edited and translated by Jane Bridgeman with Alan Griffiths. Brepols, 2013.

14. Sumption, Jonathan. Pilgrimage: An Image of Medieval Religion. Faber and Faber, 2002.

15. Truitt, E. R. Medieval Robots: Mechanism, Magic, Nature, and Art. University of Pennsylvania Press, 2015.

歷史・世界史

如何成為屠龍英雄？

魔法、修道士、怪獸，神祕中世紀的歷史與傳說

How to Slay a Dragon: A Fantasy Hero's Guide to the Real Middle Ages

作　　者 — 凱特・史蒂文森（Cait Stevenson）
譯　　者 — 洪慈敏
發 行 人 — 王春申
選書顧問 — 林桶法、陳建守
總 編 輯 — 張曉蕊
責任編輯 — 何宣儀
封面設計 — 蕭旭芳
內頁設計 — 林曉涵
營 業 部 — 王建棠 張家舜 謝宜華

出版發行 — 臺灣商務印書館股份有限公司
23141 新北市新店區民權路 108-3 號 5 樓（同門市地址）
電話：(02)8667-3712　傳真：(02)8667-3709　讀者服務專線：0800056193
郵撥：0000165-1　E-mail：ecptw@cptw.com.tw
網路書店網址：www.cptw.com.tw　Facebook：facebook.com.tw/ecptw

局版北市業字第 993 號
初　　版：2022 年 8 月
初版1.8刷：2022 年 12 月
印 刷 廠：沈氏藝術印刷股份有限公司
定　　價：新台幣 490 元

法律顧問 — 何一芃律師事務所

國家圖書館出版品預行編目 (CIP) 資料

如何成為屠龍英雄? : 魔法、修道士、怪獸,神祕中世紀的歷史與傳說 / 凱特.史蒂文森(Cait Stevenson)著 ; 洪慈敏譯. -- 初版. -- 新北市 : 臺灣商務印書館股份有限公司, 2022.08
320 面 ; 14.8*21 公分. -- (歷史.世界史)
譯自 : How to slay a dragon : a fantasy hero's guide to the real Middle Ages

ISBN978-957-05-3434-4(平裝)

1.CST: 中古史 2.CST: 文明史

712.3　　111009937